我国上市公司现金持有行为研究

WOGUOSHANGSHIGONGSI
XIANJINCHIYOUXINGWEIYANJIU

杨兴全　张照南　吴昊旻　孙　杰◎著

石河子大学哲学社会科学优秀学术著作出版基金资助项目

暨南大學出版社
JINAN UNIVERSITY PRESS
中国·广州

图书在版编目（CIP）数据

我国上市公司现金持有行为研究/杨兴全，张照南，吴昊旻，孙杰著．—广州：暨南大学出版社，2009.12
ISBN 978-7-81135-409-6

Ⅰ．我…　Ⅱ．①杨…　②张…　③吴…　④孙…　Ⅲ．上市公司—经济管理—研究—中国　Ⅳ．F279.246

中国版本图书馆 CIP 数据核字（2009）第 195796 号

出版发行：暨南大学出版社

地　址：中国广州暨南大学
电　话：总编室（8620）85221601
　　　　营销部（8620）85225284　85228291　85220693（邮购）
传　真：（8620）85221583（办公室）　85223774（营销部）
邮　编：510630
网　址：http://www.jnupress.com　http://press.jnu.edu.cn

排　版：广州市天河星辰文化发展部照排中心
印　刷：暨南大学印刷厂

开　本：890mm×1240mm　1/32
印　张：4.875
字　数：135 千
版　次：2009 年 12 月第 1 版
印　次：2009 年 12 月第 1 次
印　数：1—2000 册

定　价：12.50 元

目录

第1章 导 论

1.1 研究背景与意义

20世纪90年代末以来，国外企业出现持有大量现金与现金等价物的现象。1998年末，世界上最大公司持有超过1.5万亿美元的现金及有价证券，这些现金及有价证券的价值甚至占到公司资产账面价值的9%，并且略微大于公司权益市场价值的9%（Dittmar et al.，2003）。为什么企业持有大量的现金与现金等价物？高额持有现金对企业价值有何影响？这些问题逐步受到学者的关注而成为一个研究热点。现金持有行为不仅综合反映了公司的财务战略和经营战略，还与公司内部治理结构和外部制度环境因素密切相关。而现金持有带来的经济后果到底是“价值创造”还是“价值毁灭”，更是投资者最为关心的事。国外学者在主要从权衡理论、代理成本理论以及行业特征等视角研究公司现金持有量影响因素的同时，也结合公司财务特征、公司治理机制和投资者法律保护，从超额持有现金对公司业绩的影响，以及公司持有现金的价值等方面研究公司持有现金的经济后果。国外研究公司现金持有的主要文献在20世纪90年代中后期才开始不断出现，而其中研究发展中国家和转型经济国家的公司现金持有问题的文献更少，就如Kusnadi（2005）所说："目前研究公司现金持有的文献并不多，而真正关注亚洲公司的现金持有的研究更是凤毛麟角。"

首先，由于我国的经济与制度环境与国外有很大差别，我国证券市场的发展正处于转轨时期，投资者受法律保护程度偏低，公司治理总体水平不高，内部人控制严重，资本市场还不完善，企业投融资渠道还不健全，各地区的市场化进程存在一定差异，同时，上市公司的所有权安排也具有中国特色。将国外的实证结论直接移植到国内缺乏说服力。然而，国外的研究成果无疑为研究我国上市公司现金持有问题提供了一定的理论基础与研究方法，以我国的制度为背景研究企业持有现金的相关问题具有重要的理论价值。其次，股东与管理层、控股大股东与中小股东之间的双重代理问题对企业价值产生何种影响以及如何采取应对措施是公司治理的核心问题。当前我国学术界对公司治理机制的实证研究大多是从公司绩效的视角来进行分析的，然而目前我国上市公司的盈余管理和利益操纵行为使得绩效指标的可信度不高。因此，从现金持有量的角度来研究我国上市公司治理状况更具科学性和有效性，为研究我国上市公司的治理问题提供了一个新的视角。最后，现金作为一种最容易受到侵占的资产，在我国被挪用、被侵占的报道不时见诸报端，那么，我国上市公司持有现金的影响因素是否与基于西方发达资本市场的理论预期相符？公司持有现金与其投资行为和资金支出特征有何关系？高额持有现金公司是否存在过度投资行为？公司持有现金的市场价值是否高于其账面价值？我国市场化进程与公司的所有权安排的制度背景对现金持有的经济后果有何影响？对以上问题的研究，有利于我们正确认识我国上市公司的现金持有行为，进而有针对性地制定出科学合理的政策以规范公司现金持有行为，提高资金使用效率。这对于提高公司价值，乃至我国经济的协调发展具有重要的现实意义。

1.2 研究文献综述

国外学者主要从现金持有量的影响因素及其经济后果两个方面研究公司持有现金的基本问题。

1.2.1 企业现金持有量影响因素的研究综述

国外学者主要从权衡理论、优序融资理论、代理成本理论以及行业特征等视角研究公司现金持有量的影响因素。

Kim et al. （1998）以美国制造企业为样本研究发现，外部融资成本较高，盈余波动大以及资产回报低的公司持有较高的流动性资产。Opler et al. （1999）以美国上市公司为样本研究发现，企业存在最优的现金持有余额，投资机会和现金流量的变动性与企业的现金持有量正相关，企业规模和信用等级与现金持有量负相关。总体而言，他们为现金持有量的权衡模型提供了经验证据。Pinkowitz 和 Williamson（2001）实证研究了美国、德国和日本企业的现金持有量，除得出与 Opler et al. （1999）相似的结论外，他们还发现，银行的垄断权力对企业的现金持有量具有重要影响。Faulkender（2002）以美国的小企业为样本实证研究发现，管理者持股比例与企业的现金持有量显著负相关，而且当大股东比例增加时，现金持有量会有所下降。Ozkan A. 和 Ozkan N. （2004）实证研究了企业股权结构对现金持有量的影响，结果发现，当经营者持股比例达到24%时，企业的现金持有量开始下降；当持股比例达到64%时，企业的现金持有量开始上升。这一结论为企业现金持有量与经营者持股比例的非单调关系提供了经验证据。Guney et al.（2007）以日本、法国、德国、英国等国的企业为样本研究发现，股权集中度与现金持有水平负相关，这可能是由于大股东的存在导致企业外部融资成本减少。Kusnadi（2005）以新加坡上市公司为样本实证研究发现，董事会规模与现金持有水平显著正相关，而非管理层的批量持股权与现金持有水平显著负相关。Dittmar et al.（2003）以45个国家的公司为样本实证研究发现，股东保护较弱的国家，企业持有的现金较高，即使资本市场相当发达，企业也持有较多的现金，Pinkowitz et al.（2004）以35个国家的公司为样本得出相似的研究结论。Ferreira和Vilela（2004），Guney et al.（2007）的实证研究，除了考虑股东权利的法律保护外，还考虑了债权人权利的法律保护与执法质量。结果发现，在对投资者利益保护程度较高的国家中，企业持有较少的现金。Haushalter et al.（2007）从产品市场特征的视角实证研究发现，公司的现金持有量与公司产品市场的竞争程度正相关，产品的行业特征是影响公司现金持有量的一个重要因素。

1.2.2 企业持有现金与公司业绩和价值的相关性研究

国外学者在研究现金持有量影响因素的基础上，开始主要从信息不对称与代理人问题两个视角关注公司的现金持有价值，分别形成了公司现金持有市场价值较高观与公司现金持有市场价值较低观。由于信息不对称与交易成本的存在，公司从外部融资的成本较高，公司内部积累的现金因能减少公司的外部融资成本而符合股东价值最大化的理财目标（Myers & Majluf，1984），高成长企业因信息不对称问题更严重或投资不足成本更高而持有现金的价值较高。Mikkelson和Partch（2003）研究发现，与相同行业和相当规模的企业相比，持续高额持有现金的企业经营业绩更高。同时发现，高额持有现金的企业具有规模较小、资产增长快、研发费用支出较多、较少利用债务融资以及企业资产的市场价值与账面价值之比较高等特征。他们的基本结论是，企业持续持有高额现金是最优的策略，高额持有现金策略在没有降低经营业绩的情况下支持了企业的成长。Almeida et al.（2004）以美国制造企业为样本，将企业分为融资约束型公司与非融资约束型公司，分析了现金持有量对现金流量的敏感性差异以及企业的财务状况对它的影响程度。结果发现，与非融资约束型公司相比，融资约束型公司从实现的现金流入量中储备的现金较多，而且在经济萧条时储备更多的现金。Pinkowitz 和 Williamson（2005）研究公司持有现金的市场价值发现，公司的成长机会对现金持有的市场价值具有影响，而公司的融资机会对现金持有价值没产生影响。Faulkender 和 Wang（2006）结合公司的财务政策特征研究了公司持有现金的价值。结果表明，公司持有现金的边际价值随企业现金持有量的增多、财务杠杆的升高而降低，随公司融资约束的增加而提高。Jensen（1986）提出的自由现金流假说认为，公司持有大量现金时，管理者更可能倾向于对净现值为负的项目进行过度投资或更容易偷窃现金，这些行为是以牺牲股东利益为代价或消费更多的额外津贴来增加私人利益的。Blanchard et al.（1994）研究发现，美国 11 家收到巨额现金赔偿的企业选择保留现金或从事一些低价值的投资活动。Harford（1999）通过研究企业的并购政策与现金持有量之间的关系发现，现金持有量较高的企业更有可能实施并购，而且实施的并购都是有损股东财富的多元化并购。Couderc（2004）利用加拿大、法国、德国、英国和美国的公司数据进行研究发现，过多的现金持有会降低公司的经营绩效。Pinkowitz et al.（2006）以 35 个国家的公司为样本研究了公司现金持有量与公司价值的相关性，结果表明，与投资者保护较好的国家相比，投资者保护较差的国家现金持有量与公司价值的相关性很弱，现金持有的价值较低。Dittmar 和 Mahrt-Smith（2007）从公司治理机制的视角研究了公司持有现金对公司价值的影响，研究发现，公司治理机制失效的公司持有现金的市场价值相当低，公司治理机制失效的公司因浪费大量的现金资源而降低了公司的价值。Kalcheva 和 Lins（2007）从国家的股东保护程度与公司管理者的代理人问题两个层面考察公司持有现金对公司价值的影响，他们研究发现，在国家对股东保护较弱的条件下，当拥有控制权的管理者持有较高额现金时，公司的价值较低，当拥有控制权的管理者支付股利时，公司的价值较高；当国家对股东的保护较好时，职位稳固的（entrenched）管理者持有的现金与公司价值无关。他们的结论为在缺乏强有力的外部股东保护时公司管理者的代理人问题和高额现金的同时存在与公司价值负相关的观点提供了证据。

国外学者对企业现金持有量影响因素的研究文献相对丰富，结论基本认为企业存在最优现金持有量，投资者受法律保护程度越高，企业的现金持有量就越低的观点得到普遍支持。但由于研究设计的差异，在经营者持股比例、股权集中度、董事会特征与企业现金持有量之间的关系等方面尚未取得一致性结论，需要进一步探讨。企业持有现金的市场价值是目前国外研究的重点，依据不同的理论形成两种截然相反的观点，研究文献从主要以美国公司为对象发展到对国际背景下多个国家公司的比较研究。相对来说，国外针对现金持有量与公司投资行为关系的研究内容较少，此外，国外学者目前还没有将现金持有量、财务保守行为与风险管理结合起来更全面地研究公司持有现金与公司价值的相关性。

我国学者在梳理国外文献的基础上，也对我国上市公司现金持有量的影响因素进行了初步研究。张人骥和刘春江（2005）研究了股东保护与现金持有量之间的关系，彭桃英和周伟（2006）对我国上市公司高额现金持有动因进行了研究，辛宇和徐莉萍

(2006) 研究了公司治理机制对上市公司超额现金持有水平的影响，杨兴全和孙杰（2007）研究了公司的特质性因素与公司治理因素对现金持有量的影响。然而，对公司持有现金的经济后果的研究国内文献几乎没有涉及，因此，加强我国上市公司现金持有经济后果的研究就成为政府部门与学术界的重要课题。

1.3 研究思路与主要创新

1.3.1 研究思路与内容

本书通过梳理国外文献，在运用我国上市公司的财务报表数据、股票交易数据及其他相关数据研究我国上市公司持有现金影响因素的基础上，进一步检验公司持有现金的经济后果，最后得出研究结论与启示（研究内容之间的逻辑关系如图 1 -1 所示）。具体来讲，本书研究的主要内容有：

第 1 章“导论”。该章主要阐述了本书的研究背景、目的和意义，简要综述了国内外研究文献，概述了本书的研究思路和内容，并指出了本书研究的创新之处。

第 2 章“企业现金持有量影响因素的实证研究”。该章从公司特质性因素、公司治理结构以及公司治理环境方面对现金持有量的影响因素进行全面研究。研究结果表明，优序融资理论和权衡理论得到了经验部分支持；国有股、董事会规模与现金持有量负相关；经营者持股与现金持有量正相关；股权集中度、独立董事以及领导权结构并未对公司现金持有量产生显著影响；治理环境与现金持有量正相关；控制权/现金流权偏离度与现金持有量显著负相关，治理环境的改善有助于减轻这种负向影响。

第 3 章“行业特征、产品市场竞争与公司现金持有量的实证研究”。该章对行业特征与产品市场竞争对公司现金持有量的影响进行了检验。通过描述统计与回归检验发现，我国上市公司持有现金在行业之间存在明显差异，产品市场竞争和产品的独特性程度与公司现金持有量正相关，说明产品市场竞争激烈、产品独特性程度高的公司持有更多现金，以保护其在产品市场中的竞争优势，规避经营风险。

第4章“融资约束、持有现金与公司投资的实证研究”。该章从我国市场化进程与公司最终控制人性质的制度背景出发，在研究我国上市公司融资约束的基础上，考察了公司持有现金的对冲效应。研究结果表明，我国所在地区市场化进程较慢的公司与非国有公司存在融资约束。进一步分析发现，公司持有现金具有一定的对冲效应，而且这种对冲效应在融资约束公司中更重要。

第5章“制度背景、股权性质与公司持有现金价值的实证研究”。该章借鉴 Fama 和 French（1998）经典企业价值回归模型的思想，实证分析了我国上市公司持有现金的市场价值。结果表明，就我国上市公司整体而言，公司持有现金的价值小于账面价值。进一步研究表明，国有控股公司持有的现金价值低于非国有控股公司。从公司持有现金价值的视角进一步说明我国投资者受法律保护程度偏低，上市公司中代理问题严重。

第6章“治理环境、政府控制与公司持有现金价值的实证研究”。该章从终极控制权的角度实证研究了治理环境、政府控制与公司持有现金价值的关系。研究结果表明，在其他条件相同的情况下，治理环境越好，公司持有现金的价值越高；上市公司的政府控制性质降低了持有现金的价值；相对于非政府控制上市公司来说，在政府控制的公司中，治理环境对公司持有现金价值的正向作用较弱。

第7章“治理环境、超额持有现金与公司投资行为的实证研究”。该章以2002—2006年非金融行业的上市公司为样本，考察公司超额持有现金是否导致过度投资，进而检验公司治理环境的改善能否抑制超额持有现金导致的过度投资行为。结果发现，公司超额持有现金导致了过度投资行为，公司治理环境的改善有利于抑制公司超额持有现金导致的过度投资行为。

第8章“研究结论与启示”。

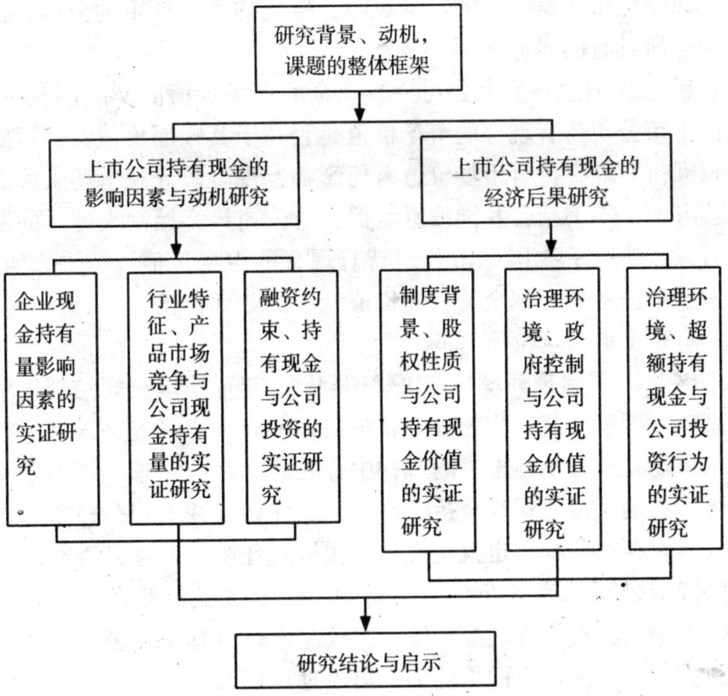

图1-1 研究内容之间的逻辑关系

1.3.2 主要创新之处

（1）借鉴国外的理论分析与研究方法，在检验我国上市公司特质性因素对现金持有量影响的基础上，进一步检验了公司微观治理机制与公司治理环境对现金持有量的影响，使公司现金持有量的影响因素得到了较为全面的检验。

（2）国内已有的实证研究文献几乎还未涉及行业特征与产品市场竞争对公司现金持有量影响的实证研究，本书从产品市场竞争与融资约束两个视角研究了公司持有现金所具有的对冲作用。研究发现，行业竞争激烈的公司采取持有较多现金的财务保守行为，以避免市场竞争中的经营风险，融资约束越严重的公司，持有现金所具有的对冲作用越显著。

（3）国内直接研究公司持有现金的市场价值的文献还较少。我国上市公司持有现金的市场价值是否高于其账面价值？公司所有权安排对现金持有市场价值有何影响？现有研究几乎还未涉及这些方面，本书结合我国投资者保护与公司最终控制人性质的制度背景，研究了我国上市公司持有现金的市场价值。结果表明，我国上市公司持有现金的市场价值低于其账面价值，国有控股公司持有现金的市场价值更低。

（4）公司治理环境是解决代理问题，进而影响公司治理效率的基础性因素。我国作为处于转轨时期的新型市场经济国家，在我国市场化进程不断推进的过程中存在着地区间治理环境不平衡特征。影响上市公司现金持有价值的具体行为在上市公司所处地区间是否存在差异，也就是说，公司治理环境的改善是否有利于抑制降低公司持有现金价值的行为，已有文献对此尚未展开研究。本书从公司持有现金价值，以及超额持有现金与公司过度投资行为的关系两个方面检验了公司治理环境的改善对公司持有现金经济后果的影响。

（5）在研究过程中控制现金持有量与财务杠杆、资本性支出等变量的内生性对检验结果的影响，持续动态地分析现金持有量，克服公司暂时性的现金持有对研究结果的影响，全面考虑研究方法对结果的影响。

第 2 章　企业现金持有量影响因素的实证研究

2.1 引　言

20 世纪 90 年代末，西方企业出现持有大量现金与现金等价物的现象（Dittmar et al.，2003），[①] 为什么企业持有大量的现金与现金等价物？其原因逐步受到西方学者的关注，并从多个角度对公司持有现金量的动机与影响因素进行了分析。Kim et al.（1998）以美国 915 家制造企业为样本实证研究发现，外部融资成本较高，盈余波动大以及资产回报低的公司持有较高的流动性资产。Opler et al.（1999）研究了美国公开上市公司现金持有量的决定因素，他们研究发现，企业存在最优的现金持有余额，投资机会和现金流量的变动性与企业的现金持有量正相关，企业规模和信用等级与现金持有量负相关。Faulkender

① Dittmar，A. et al.，international corporate governance and corporate cash holdings. *Journal of Financial and Quantitative Analysis*，2003（38）：111－134.

（2002）实证研究发现，管理者持股比例与企业的现金持有量显著负相关，股东数量越多的企业持有的现金越多，随着股权集中度的增加，企业以现金形式将盈余保留在企业的可能性随之减少。Ozkan A. 和 Ozkan N. （2004）实证研究发现，企业现金持有量与经营者持股比例之间是非单调关系。Kusnadi（2005）以新加坡 230 家上市公司为样本，研究了企业现金持有行为与公司治理机制之间的联系。结果表明，董事会规模与现金持有水平显著正相关，而非管理层的批量持股权与现金持有水平显著负相关。Guney et al. （2007）以日本、法国、德国、英国等国的 3 989 家企业为研究样本，对它们的现金持有行为进行了实证研究，结果表明，股权集中度与现金持有水平负相关，股东权益的法律保护程度与公司的现金持有量负相关，执法质量和债权人的法律保护程度与公司现金持有量正相关。Dittmar et al. （2003）以 45 个国家的 11 591 家公司为样本实证研究了股东保护与企业现金持有量之间的关系，他们研究发现，股东保护较弱的国家，企业持有的现金量较高，即使资本市场相当发达，企业也持有较多的现金量。

我国学者在梳理国外文献的基础上，也对我国上市公司现金持有量的影响因素进行了初步研究。张人骥和刘春江（2006）研究了股东保护与现金持有量之间的关系，彭桃英和周伟（2006）对我国上市公司高额现金持有动因进行了研究，辛宇和徐莉萍（2006）研究了公司治理机制对上市公司超额现金持有水平的影响问题。由于国内对现金持有量影响因素的研究刚刚起步，以上文献对公司现金持有量影响因素的研究还不全面。关于公司治理对公司现金持有量影响的研究，为衡量我国上市公司治理机制的有效性提供了新的思路。因此，从公司治理机制的视角对我国上市公司现金持有量的影响进行考察具有重要的理论价值与现实意义。本章的目的，就是从公司特质性因素、公司治理结构以及公司治理环境方面对现金持有量的影响进行全面研究。

2.2 公司特质性因素、公司治理结构与现金持有量

2.2.1 理论分析与研究假设

1. 权衡理论与现金持有量

权衡理论认为，企业通过比较持有现金的边际收益与边际成本而确定它们的最优现金持有量。现金持有量的收益主要包括：降低企业发生财务困境的概率；能使企业在发生财务约束时实施投资政策；降低外部融资的成本与清算现有资产。持有现金的成本主要包括持有成本（管理费用和机会成本）和短缺成本。企业缺少现金时不得不从外部资本市场融资，如发行股票与举债、出售现存资产、削减股利和投资、重新进行融资谈判，或者多种方式并用。根据权衡理论模型，影响企业现金持有量的因素主要有：

（1）企业规模。Barclay 和 Smith（1995）认为，由于证券发行的固定成本带来的规模经济，大规模企业的外部融资成本低于小规模企业。大规模企业由于多元化经营，可以出售部分非核心资产来获取现金流量，而使其发生财务困境的概率较低。小规模企业在发生财务困境时更有可能被清算，因为与大规模企业相比，小规模企业举债时的限制性条款较多，外部融资成本高昂。由此可见，企业规模与现金持有量负相关。

（2）财务杠杆。随着财务杠杆的增加，企业破产的概率就会上升，为降低企业发生财务困境的可能性，高财务杠杆的企业一般持有较多的现金。另一方面，财务杠杆比率反映企业举债的能力，财务杠杆越高，企业举债的能力就越强，企业持有的现金量就越低。根据这种观点，企业可以将举借债务当作现金持有量与

流动性证券的替代物。因此，在权衡模型下，现金持有量与财务杠杆的关系不明确。

（3）银行债务。银行作为债权人在降低信息成本和收集信息方面具有相对优势，与其他债权人相比，他们利用内部信息更能有效地评价和监督借款人，银行被认为起着甄别的作用。通过银行融资能够更加有效地解决与代理冲突和信息不对称相关的问题。因此，银行向企业提供贷款或更新贷款的意愿向证券市场传递着企业的正面信息。银企关系通过传递企业信誉价值信息提高了企业外部举债能力。此外，与其他负债相比，企业发生财务困境时，银行负债更容易通过重新谈判取得资金。因此，企业银行性的债务越多，就越容易取得外部融资，这意味着企业持有的现金数量就越低。

（4）投资机会。盈利性投资机会的增加意味着如果公司面临现金短缺，将不得不放弃好的项目。因此，这样的投资机会越多，企业就应持有更多的现金。同时，拥有优质投资项目的公司的财务困境成本较高，因为构成企业价值的优质投资项目的净现值在发生破产时几乎完全消失，因此，拥有优质投资机会的企业将保持较高的现金持有水平以避免财务困境的发生。

（5）现金流量。现金流量是企业现金持有量的来源，企业的现金流量越多，放弃有价值的投资机会的风险与面临财务困境的风险越低，这类企业持有现金水平一般较低，现金持有量与现金流负相关。

（6）现金替代物。Shleifer 和 Vishny（1993）讨论了出售资产作为融资来源的情况。如果一个企业的资产负债表上有资产，并且这些资产能够以较低成本转化为现金，那么通过出售这些资产筹集资金就是经济的。非现金流动资产在发生现金短缺时能以较低的成本变现，这些流动资产被当作是现金的替代物。因此，流动资产较多的企业往往持有较少的现金。

（7）股利支付水平。支付股利的公司可以通过减少它的股利支付来获得低成本的资金，所以，这些公司比没有支付股利的公司持有更少的现金。然而，支付股利的公司也有可能比未支付股利的公司持有更多的现金，以避免在支付股利时发生现金短缺。这样，股利支付水平又与公司现金持有量正相关。

(8) 债务期限结构。债务结构中短期债务多的公司面临更多的风险，为了避免财务危机，短期债务融资比例过高的公司就会持有较多现金。此外，根据信息不对称模型，存在较高程度的潜在信息不对称问题的企业更可能发行短期债务，短期债务可以被认为是信息不对称的替代变量。那些短期债务较多的企业，因会被认为信息不对称程度过高，很难获得外部融资而持有较多现金。

(9) 行业特征。在竞争性行业，因同类产品之间的激烈竞争，企业一方面要持续投资，开发新产品，加快技术更新，以争夺市场份额，另一方面又要保证自己在激烈的竞争中得以生存，企业面临很大的经营风险，现金充足有利于企业筹集发展所需资金和降低企业的财务风险。因此，与垄断性行业和竞争程度较低的行业相比，产品竞争激烈行业中的企业持有的现金量较高。Haushalter et al. (2007) 的研究为这一观点提供了证据。

2. 信息不对称、优序融资理论与现金持有量

信息不对称往往使公司筹集外部资金时需要付出高昂的成本。信息不对称模型预测了当证券发行对信息敏感时，筹集外部资金的成本就会随着信息不对称的增加而增加。Myers 和 Majluf (1984) 认为，在这一时期，为了降低信息不对称所带来的高成本，持有丰裕的现金是有价值的。既然具有严重信息不对称的公司进入资本市场有更多的困难，这些公司就应该拥有更多的现金持有量，否则，当信息不对称很严重时，现金短缺会迫使公司压缩投资，同时可能面临更大的成本支出。投资机会越多的企业，一般面临的信息不对称问题越严重，公司的财务困境成本将会更大。因此，必须持有更多的现金。

Myers（1984）针对克服信息不对称引起的投资不当问题提出了优序融资（Pecking Order）理论。该理论的两个中心思想是：偏好内部融资；如果需要外部融资，则偏好债务融资。优序融资理论认为，企业没有最优现金持有量，而是将现金当作留存收益与投资需求之间的缓冲物。当企业实现的经营现金流量充足时，满足投资需求后进行债务偿还和现金积累；当留存收益不能满足投资需求时，企业将使用持有的现金，如果仍不能满足则进行举债融资。根据优序融资理论，当投资需求大于留存收益时，债务上升；当投资需求小于留存收益时，债务下降。现金持有量呈现相反的变化情况，当投资需求超过留存收益时，现金下降；投资需求小于留存收益时，现金上升。现金持有量、债务、投资需求之间的这种关系意味着，财务杠杆与现金持有量之间负相关。大规模企业一般是经营成功的企业，因此，控制投资以后，拥有较多的现金。当其他变量不变时，现金流量较高的企业往往拥有更多的现金。

在权衡理论与优序融资理论中，同一因素对现金持有量的影响方向不完全一致。投资机会在这两种理论中都与现金持有量正相关；企业规模、现金流量与现金持有量在权衡理论中负相关，而在优序融资理论中正相关；财务杠杆与现金持有量在权衡理论中的关系不明确，但在优序融资理论中负相关。

3. 公司治理结构与现金持有量

现代企业所有权和经营权的分离，导致了管理层与股东的利益分化，这种利益分化往往使管理者通过持有大量现金并以股东的利益为代价来追求自己的目标。根据 Jensen（1986）的观点，当管理者手中拥有大量可处置的自由现金流时，他们更可能倾向于对净现值为负的项目进行过度投资，这些行为是以牺牲股东利益为代价或消费更多的额外津贴来增加私人利益的（这种成本又被称为自由现金流量代理成本）。而且，持有更多的现金可以使管理者免受来自外部投资者的纪律约束从而为自己牟利（这种成本又被称为管理者操控性代理成本）。Shleifer 和 Vishny（1997）、La Porta et al.（1999）、Claessens et al.（2000）、Faccio 和 Lang（2002）研究发现，从世界范围内看公司股权结构并不是普遍分散的，而是相对集中的。在集中的股权结构下，大股东与中小股东的冲突成为公司治理需要解决的重要问题，居于公司决策主导地位的大股东及其代理人，通常以追求私有收益而占有或转移公司的现金。我国证券市场的发展处于一个转轨时期，上市公司普遍是由大股东控制的公众公司，控制权私人收益广泛存在，掌握控制权的大股东与外部中小股东之间的利益冲突产生了尖锐的代理问题。

（1）经营者持股与现金持有量。大量文献支持这种观点：提高经营者的持股比例能够协调经营者与股东的利益冲突。因此，由于经营者持股的利益协调效应，随着经营者持股比例的提高，企业的现金持有量下降。Morck et al.（1988）、Stulz（1988）研究发现，企业的价值与经营者的持股比例之间是非线性的关系。这意味着增加经营持股的边际效应取决于目前的持股水平，当经营者的持股比例较高时，外部股东监督经营者的行为更为困难，因为较高的持股比例赋予经营者对企业更直接的控制权，提高了他们抵制外部压力的能力。因此，稳固的（entrenched）经营者将选择持有更多的现金以追求他们自身的利益。

（2）股权集中度与现金持有量。缓和股东与经营者代理问题的一种有效方式是：股东有效地监督经营者以确保他们按股东的利益行事。然而，监督经营者的股东承担与他们的监督活动相关的所有成本，而只按持股比例享有监督带来的收益。Shleifer 和 Vishny（1986）指出，股权集中型公司相对于股权分散型公司具有较高的盈利能力和较好的市场表现，公司控股股东有足够的激励去收集信息并有效监督经营层，避免了股权高度分散情况下的“搭便车”行为。根据这种观点，拥有大股东的企业外部融资的成本较低，意味着不需要持有更高水平的现金。虽然大股东的有效监督能够缓解经营者的代理人问题，然而又带来了大股东与中小股东的利益冲突。代理问题不仅仅限于管理者和股东之间的利益冲突，而更多的是指源于有控制权的大股东和中小股东之间的利益冲突。大股东往往有以中小股东的利益为代价转移大量的现金以追求自身利益的强烈动机，因此，股权集中度与企业的现金持有量负相关。

（3）国有股比例与现金持有量。股权融资的治理机制不仅取决于股权的集中度，还取决于股东的身份或特性。国有股股东作为代理股东，其本身并不是国有资产的终极所有者，不享有公司的剩余索取权，相应地，国有股股东也就没有做好监控的积极性，因为监督努力的程度与其收入水平无关。国有股比例越高，对公司改善治理的压力越小，存在严重的大股东侵害中小股东、经营层损害投资者的双重代理问题，大股东更容易转移公司的现金。

（4）董事会特征与现金持有量。董事会作为一种监督机制的有效性受到理论界的广泛关注，董事会规模较大能够增强董事会的代表性，也由于董事会成员之间的能力互补而提高董事会的监督，因而董事会规模与现金持有量正相关。然而，规模较大的董事会因涉及较多的决策人员而使决策过程变得迟缓而缺乏效率。Yermack（1996）通过实证研究发现，以托宾Q表示的企业市场价值与董事会规模负相关，并提供了董事会规模较小有利于提高公司市场价值的证据。Eisenberg et al.（1998）以芬兰900家中小企业为样本实证研究发现，以行业的资产报酬率反映的企业获利能力与董事会规模显著负相关，说明董事会规模越大，董事会的功能越不能有效发挥，大股东转移的现金也就越多，董事会规模又与现金持有量负相关。

Fama和Jensen（1983）认为，与内部董事相比，外部董事是公司管理者更有效的监督者，因为他们是另一组织关键决策的制定者，并且在经理人市场上关注自己的声誉。Borokhovich et al.

(1996) 的研究为以上观点提供了经验证据，他们研究发现，外部董事更能以公司外部的经理人替代被解雇的首席执行官（CEO），来自公司外部的接任者更愿意寻找前任首席执行官的失败政策的解决办法。因此，外部董事比例与企业现金持有量正相关。

公司的领导权结构反映了公司董事会的独立性和执行层创新自由的空间。一般认为，CEO 和董事长的职务应该分设，以便于其他董事会成员能够对 CEO 进行有效的监控，较为极端的观点甚至认为，为了增强董事会作为一个整体的监控能力，董事长一职应该授予企业外部的经理人。就领导权结构对企业的现金持有行为的影响而言，CEO 和董事长两职合一为大股东侵害中小股东利益提供了条件，公司将持有相对较少的现金，CEO 和董事长两职分离的公司将持有相对较多的现金。

2.2.2　研究设计

1. 样本选取与数据来源

本章选取 1999 年 12 月 31 日前在沪深两市发行 A 股（包括同时发行 B 股）的公司作为研究样本，以 2000—2005 年为研究区间，并依据以下原则进行了筛选：①剔除金融类公司。金融类公司由于其自身业务特点而持有大量现金。②扣除了连续亏损的企业，即 ST、PT 公司。我们主要考察的是正常经营状态下公司现金持有行为，企业连续数年亏损将会导致现金持有量非正常的变化。③由于我们研究的因素变量较多，并不是所有的公司资料都有，所以我们把资料不全的公司排除在外。经剔除，最后剩余样本公司 853 家。所使用的研究数据全部来源于国泰君安公司的 CSMAR 交易数据库。

2. 变量设计与定义

变量定义与计量如表 2－1 所示。

表 2-1　变量定义及其计量一览表

变量类型		变量名称	定义描述及计量
因变量		现金持有比例（*Cashratio*）	现金及现金等价物/净资产。净资产为总资产扣除现金及现金等价物的余额（Opler et al.，1999。以下净资产的定义相同）
解释变量	反映公司特质的变量	企业规模（Ln*size*）	公司年末总资产的对数值
		财务杠杆（*Lev*）	负债总额/资产总额
		投资机会（*MAKbook*）	公司资产市值/资产的账面价值。资产的市值为非流通股与每股净资产的乘积与流通股的市场价值和负债的账面价值之和
		现金流量（*Cashflow*）	现金流/净资产。现金流以扣除利息、股利与所得税的盈余加折旧费表示
		现金替代物（*NWKcapital*）	净营运资本/净资产。净营运资本为营运资本扣除现金及现金等价物的余额
		银行债务（*Bankdebt*）	（长期借款 + 短期借款）/总负债
		债务结构（*Debtstr*）	流动负债总额/全部债务总额
		股利分配哑变量（*Dividend*）	支付现金股利取 1，否则取 0
		行业哑变量（*Ind*）	水电煤气生产供应业、金属非金属矿物、交通运输仓储业，以及公共事业等行业的样本，值取 1，否则取 0
	公司治理变量	经营者持股比例（*Mshare*）	经营者持有的股数/总股数。经营者包括公司董事、监事及高级管理人员
		控股股东哑变量（*Controller*）	第一大股东持股数是否大于第二大股东至第十大股东数之和。是则取 1，否则取 0
		国有股比例（*Gshare*）	国家持有和国有法人持有的股份/总股数
		董事会规模（*Bosize*）	董事会全部董事人数
		外部董事比例（*Outdirector*）	外部董事人数/全部董事人数
		领导权结构哑变量（*CEO_ COB*）	CEO 和董事长是否由同一人兼任，是则取 1，否则取 0

3. 变量的描述性统计

样本变量的描述性统计分析如表2－2所示。表2－2数据显示，我国上市公司现金持有比例的均值为18.35%，中值为13.44%；经换算上市公司现金持有量的均值与中位数分别占总资产的15.50%和11.85%，超过1998年末世界最大公司的持有比例9%，说明我国上市公司的现金持有量较多。平均银行债务比率为46.55%，说明我国企业债务融资渠道单一，对银行依赖性较强。公司规模标准差为0.81%，表明我国上市公司资产规模差异不大。但财务杠杆比例差异较大，标准差达到了24.82%；差异最大的是国有股比例，标准差达到了26.46%。董事会规模平均在9人左右，经营者持股与外部董事的比例都较低。

表2－2 变量的描述性统计

	N	Mean	Min	25th Percentile	Median	75th Percentile	Max	Std. Deviation
Cashratio	5 118	18.35	0	7.56	13.44	23.34	100.73	17.48
Ln *size*	5 118	21.19	18.12	20.59	21.11	21.73	24.37	0.81
Lev	5 118	49.94	0.81	37.49	50.73	62.24	389.42	24.82
MAKbook	5 118	1.23	0.80	1.06	1.15	1.31	7.53	0.30
Cashflow	5 118	3.91	−241.77	2.92	4.98	7.76	68.14	15.93
NWKcapital	5 118	−7.17	−455.96	−20.31	−6.10	6.45	89.82	25.33
Bankdebt	5 118	46.55	0	30.37	50.20	64.21	96.85	23.26
Debtstr	5 118	86.45	4.19	79.79	93.19	99.53	129.53	16.99
Mshare	5 118	0.063	0.000	0.002	0.011	0.033	37.96	0.72
Gshare	5 118	34.13	0	0.07	37.52	57.58	88.58	26.46
Bosize	5 118	9.71	4	9	9	11	19	2.36
Outdirector	4 265	5.35	0.00	0.00	33.33	42.86	72.73	10.34
CEO_ COB	5 118	0.11	0	0	0	0	1	0.31

注：由于2001年我国才引入独立董事制度，*Outdirector*的观测期间为2001—2005年

2.2.3 回归结果与分析

本章的多元回归模型如下：

$$Cashratio = a_0 + a_1 \mathrm{Lnsize}_i + a_2 Lev_i + a_3 MAKbook_i + a_4 Cashflow_i + a_5 NWKcapital_i + a_6 Bankdebt_i + a_7 Debtstr_i + a_8 Dividend_i + a_9 Ind_i + a_{10} Mshare_i + a_{11} Controller_i + a_{12} Gshare_i + a_{13} Bosize_i + a_{14} Outdirector_i + a_{15} CEO\_\ COB_i + \varepsilon_i$$

根据前面的理论分析，我们认为，影响公司现金持有量的因素主要有两类，一类是反映公司财务状况、公司规模、营运能力、发展前景等特征的因素，如企业规模、投资机会、财务杠杆、净营运资本、银行性负债等，我们称之为公司特质性因素。另一类是反映公司治理情况的因素，如董事会规模、外部独立董事比例、领导权结构、经营者持股比例、股权集中度以及国有股比例等，可将其统称为公司治理因素。在影响公司现金持有量的两类因素中，公司特质性因素是基本因素，是公司以提高公司价值为目标进行现金持有量决策时必须考虑的因素，是进行财务决策的内部因素变量。而公司治理因素是由于制度性安排而对现金持有量财务决策造成外部影响的变量。两类因素在公司现金持有量决策中所处地位与作用不同。因此，下面在回归分析公司特质性因素对现金持有量影响的基础上，再进一步分析公司治理因素对公司现金持有量的影响。

1. 公司特质性因素与现金持有量的回归结果

表2－3是混合时间序列与横截面的回归，以及样本时间序列平均值的截面回归结果。

表 2-3　公司特质性因素与公司现金持有量的回归结果（因变量：*Cashratio*）

解释变量	预期符号	混合回归	截面回归
Constant		18.426	16.333
		(2.89***)	(0.99)
Ln *size*	±	0.334	0.430
		(1.19)	(0.65)
Lev	±	−0.197	−0.223
		(−15.36***)	(−6.74***)
MAKbook	+	6.781	5.385
		(8.56***)	(2.57**)
Cashflow	±	0.138	0.020
		(7.92***)	(0.39)
NWKcapital	−	−0.277	−0.253
		(−24.33***)	(−9.32***)
Bankdebt	−	−0.214	−0.242
		(−22.04***)	(−10.54***)
Debtstr	+	0.020	0.072
		(1.58)	(1.07)
Dividend	±	2.355	3.146
		(5.11***)	(2.55**)
Ind	−	−4.942	−4.626
		(−9.12***)	(−3.97**)
调整后的 R^2		0.212	0.229
F		153.55***	29.06***
VIF（最大值）		2.51	2.28
N		5 118	853

注：表中数据第一项为相对应变量的系数估计值。括号内为 *t* 检验值。*、**、***表示回归分析 *t* 检验值的显著性水平（双尾检验）分别为 10%、5%、1%。*N* 为样本数。*VIF* 远小于 10。混合回归的 D-W 检验值为 2.005，约等于 2

从表2-3可以看出，①财务杠杆与现金持有量显著负相关（显著性水平为1%），现金流在混合回归中与现金持有量正相关（显著性水平为1%），与优序融资理论观点相一致。②银行负债、以净营运资本反映的现金替代物与公司现金持有量负相关（显著性水平为1%），反映投资机会的 *MAKbook* 变量与公司现金持有量正相关（显著性水平为1%与5%），为权衡理论的观点提供了经验证据。③行业哑变量与公司现金持有量负相关（显著性水平为1%），为产品市场竞争激烈行业的企业持有较高现金的观点提供了支持。④股利支付哑变量与公司现金持有量之间显著正相关，说明支付股利的公司往往持有较多的现金，以避免支付股利时发生现金短缺。⑤企业规模和债务结构与现金持有量的关系不显著。

为了控制年度因素的影响，表2-4是我们对总样本分年度回归的结果。从表2-4可以看出财务杠杆、现金替代物、银行负债以及行业哑变量在每个年度均与现金持有量显著负相关，现金流各年均与现金持有量显著正相关，投资机会和股利支付哑变量在多个年份与现金持有量显著正相关。这些检验结果与表2-3的检验结果基本一致。

表2-4　公司特质性因素与公司现金持有量分年度回归结果（因变量：*Cashratio*）

解释变量	符号	2000年	2001年	2002年	2003年	2004年	2005年
Constant		55.88 (3.04***)	33.571 (2.23**)	9.532 (1.75*)	24.557 (1.80*)	10.211 (0.68)	6.678 (0.45)
Ln *size*	±	-0.948 (-1.16)	-0.094 (-0.14)	0.562 (0.86)	0.649 (0.77)	0.918 (1.42)	0.690 (1.08)
Lev	±	-0.330 (-7.67***)	-0.197 (-5.59***)	-0.153 (-6.07***)	-0.343 (-7.74***)	-0.212 (-5.82***)	-0.164 (-6.70***)
MAKbook	+	-0.354 (-0.18)	3.727 (2.68**)	9.183 (4.01***)	1.041 (0.50)	5.096 (2.29**)	9.042 (3.89***)

（续上表）

解释变量	符号	2000年	2001年	2002年	2003年	2004年	2005年
Cashflow	±	0.417 (3.74***)	0.185 (3.00***)	0.144 (4.81***)	0.380 (3.34***)	0.165 (2.61***)	0.144 (4.89***)
NWKcapital	−	−0.327 (−9.86***)	−0.266 (−10.22***)	−0.240 (−9.64***)	−0.332 (−9.98***)	−0.267 (−10.28***)	−0.244 (−9.76***)
Bankdebt	−	−0.160 (−5.88***)	−0.221 (−10.19***)	−0.257 (−11.17***)	−0.159 (−5.82***)	−0.219 (−10.11***)	−0.257 (−11.23***)
Debtstr	+	0.059 (1.62)	0.031 (0.69)	0.012 (0.45)	0.025 (0.67)	0.011 (0.36)	0.021 (0.077)
Dividend	±	0.119 (0.092)	1.727 (1.68*)	3.878 (3.72***)	−0.437 (−0.33)	1.160 (1.088)	3.568 (3.29***)
Ind	−	−5.572 (−3.64***)	−5.324 (−4.45***)	−4.053 (−3.30***)	−6.347 (−4.13***)	−5.757 (−4.77***)	−4.246 (−3.44***)
调整后的 R^2		0.181	0.240	0.253	0.179	0.243	0.257
F		21.99***	30.93***	33.03***	21.59***	31.30***	33.66***
VIF（最大值）		1.52	1.63	4.02	1.61	1.73	3.81
N		853	853	853	853	853	853

注：表中数据第一项为相对应变量的系数估计值。括号内为 *t* 检验值。* 表示回归分析 *t* 检验值的显著性水平（双尾检验）。*、**、*** 表示 *t* 检验值显著性水平分别为10%、5%、1%。*N* 为样本数。*VIF* 远小于10

2. 公司治理因素与现金持有量的回归结果

为了考察公司治理因素对公司现金持有量的影响，我们将公司特质性因素作为控制变量加入公司治理因素进行回归分析。由于我国2001年才正式引进独立董事制度，我们以2001—2005年的数据对公司治理因素进行检验，检验结果如表2－5所示。表2－5的回归结果表明，国有股比例与公司现金持有量显著负相关，说明国有控股公司的治理效率相对较低，存在严重的大股东侵害中小股东利益、经营层损害投资者利益的双重代理问题，大股东更容易转移公司的现金。经营者持股比例与现金持有量显著正相关，这可能是由于在我国股权结构中，很大一部分是非流通股，使得资本市场、公司控制权市场等外部治理机制难以对经营者实行有效的监督，我国经营者能在持股比例较低的情况下达到稳固地位，能够在持股比例较低的情况下通过持有较多现金来获取私人收益。控股股东哑变量与公司现金持有量负相关，但不具有统计上的显著性。董事会规模与现金持有量显著负相关，为较大规模董事会的治理效率相对较低的观点提供了支持。外部独立董事比例、领导权结构哑变量对公司的现金持有量均没有显著性影响。加入公司治理变量后，财务杠杆、净营运资本、银行负债、行业哑变量与公司现金持有量之间的显著负相关性，以及投资机会、现金流、股利支付哑变量与公司现金持有量之间的显著正相关性并没有发生变化，具有一定的稳定性。

表2-5　公司治理变量与公司现金持有量的回归结果（被解释变量：*Cashratio*）

解释变量	预期符号	模型1	模型2	模型3
Constant		11.075 (1.69*)	10.537 (1.55)	11.243 (1.66*)
Gshare	−	−0.172 (−1.74*)		
Mshare	±		0.881 (2.91***)	
Controller	−			−0.127 (−0.22)
Bosize	−	−0.255 (−2.50**)	−0.252 (−2.47**)	−0.256 (−2.51**)
Outdirector	+	0.016 (0.003)	0.010 (0.028)	0.001 (0.081)
CEO_ COB	−	1.271 (1.46)	1.161 (1.51)	1.307 (1.71*)

（续上表）

解释变量	预期符号	模型1	模型2	模型3
Ln *size*	±	0.774 (2.52**)	0.772 (2.52**)	0.752 (2.45**)
Lev	±	-0.188 (-14.11***)	-0.186 (-14.04***)	-0.187 (-14.06***)
MAKbook	+	7.560 (8.56***)	7.595 (8.61***)	7.557 (8.55***)
Cashflow	±	0.139 (7.92***)	0.138 (7.89***)	0.139 (7.92***)
NWKcapital	-	-0.268 (-22.39***)	-0.267 (-22.27***)	-0.268 (-22.36***)
Bankdebt	-	-0.224 (-21.72***)	-0.223 (-21.56***)	-0.224 (-21.68***)
Dividend	±	2.517 (5.13***)	2.505 (5.11***)	2.511 (5.11***)
Debtstr	+	0.014 (1.01)	0.014 (1.02)	0.014 (1.02)
Ind	-	-4.780 (-8.23***)	-4.888 (-7.12***)	-4.869 (-8.48***)
调整后的 R^2		0.227	0.228	0.227
F		97.108***	97.820***	96.998***
VIF（最大值）		2.70	2.69	2.69
N		4 265	4 265	4 265

注：表中数据第一项为相对应变量的系数估计值。括号内为 *t* 检验值。*表示回归分析 *t* 检验值的显著性水平（双尾检验）。*、**、***表示 *t* 检验值显著性水平分别为10%、5%、1%。*N* 为样本数。*VIF* 远小于10。各模型的 *D*－*W* 检验值均约等于2

2.2.4 本章结论

通过以上分析我们得出以下结论：①财务杠杆与现金持有量显著负相关，现金流与现金持有量正相关，与优序融资理论观点相一致。②银行负债和净营运资本反映的现金替代物与公司现金持有量显著负相关，投资机会与公司现金持有量显著正相关，为权衡理论的观点提供了经验证据。③股利支付哑变量与公司现金持有量显著正相关，说明支付股利的公司往往持有较多的现金，以避免支付股利时发生现金短缺。④产品市场竞争程度越高的行业，公司持有的现金越多。⑤国有股比例与现金持有量负相关，经营者持股比例与现金持有量显著正相关，董事会规模与现金持有量负相关。⑥股权集中度以及反映董事会特征的外部独立董事比例和领导权结构均未对公司现金持有量产生显著影响，从现金持有量的角度为我国上市公司治理的不完善性提供了证据，需要我们从股权结构、董事会特征等方面进一步完善公司治理机制。

2.3 治理环境、控制权/现金流权分离与现金持有量

2.3.1 文献回顾与研究假设

1. 治理环境与现金持有量

自 La Porta et al.（1998）提出不同国家的上市公司所处的治理环境，包括对中小投资者保护的立法以及法律的实施情况，是该国的公司财务和公司治理演变的基本要素后，治理环境对现金持有决策行为的影响日益受到人们的关注。Dittmar et al.（2003）、Pinkowitz et al.（2004）、Ferreira 和 Vilela（2004）、Guney et al.（2007）等的实证研究发现，投资者受保护程度强

的国家的上市公司持有较少的现金。Harford et al.（2008）的最新研究则对上述观点提出了相反的看法，认为在对经理人的约束和监督不够有效时，具有自利动机的经理人会选择在当期消费掉现金，而在公司治理和股东权利保护较好的情况下，股东力量较强，代理问题相对较轻，股东会允许经理人持有比较多的现金，现金持有水平会较高。

我国证券市场是一个处于转轨阶段的新兴市场，投资者受法律保护水平低下。因此，在我国投资者受法律保护程度偏低且公司治理总体水平较低的制度背景下，我国上市公司中存在大股东侵占中小股东利益、管理层损害投资者利益的双重代理问题。在司法体系不尽完善的国家，能够控制公司的大股东不仅可以向公司委派管理人员，还可以采用资金占用（王俊秋、张奇峰，2007）、关联交易的方式掏空公司（Denis & Mcconnell，2003）。Myers 和 Rajan（1998）指出，与其他资产相比，现金能被以更低的成本转换为私人收益，因此，我国上市公司持有现金为控股大股东与管理层的利益转移行为提供了机会，现金作为流动性最强的资产，更容易异化成大股东"资源转移"的对象。

然而，对不同地区的上市公司来说，虽然所处的国家大环境是一样的，但其所处地区的市场化程度、政府干预程度、法治水平却相差很大，很不平衡（樊纲、王小鲁，2003）。所在地区市场化进程与法治水平越低，公司的治理环境越差，公司管理者进行扩张的过度投资与大股东侵蚀中小股东利益的行为也就更严重，现金因更容易被转移而使公司持有的现金较低。而对于治理环境相对较好的一些公司来说，管理层使用资金时会受到较多约束和监督，现金被滥用的可能性要小些；同时，大股东的利益侵占成本升高，在一定程度上遏制了其占用或转移上市公司现金的行为。基于以上分析，我们提出以下研究假设：

假设 1：治理环境与上市公司现金持有量正相关。

2. 治理环境、控制权/现金流权分离与现金持有量

Shieifer 和 Vishny（1997）、La Porta et al.（1998）等的研究发现，在大多数国家存在着终极控制人通过金字塔持股或交叉持股的方式进行控制。即使他们通过关联交易、转移利润、转移公司投资机会、支付高额报酬等方式侵占中小股东利益，其他股东也难以制止和监督，这就造成了大股东的代理成本问题。Claessens et al.（2000）则认为，终极控制权的特征就在于终极控制人的现金流权与控制权之间存在着偏离，偏离程度越大说明其获取控制权私利所付出的成本越小，其侵占上市公司利益的动机就越强烈。Wolfenzen（1999）研究发现，控股股东可以利用很少的资源获取公司的控制权，从而降低了侵占小股东利益可能带来的对控制权共享收益的抵消作用。因此，一旦控股股东以较少的资源掌握了公司的控制权，这将激励控股股东通过资产出售、转移定价、资金占用等“隧道行为”获得私人收益，损害上市公司的价值，对于其他中小股东和债权人而言则增加了代理成本。

总的来讲，终极股东控制权与现金流权的分离程度是表征其侵占程度的重要变量，而且，随着该两权的愈趋分离，大股东有着更为强烈的侵占动机，导致更为严重的代理冲突与更高的代理成本。这种分离使终极股东可能有动机而且有能力去增加他们控制的资金总量，并以少数股东的利益为代价消耗公司的财富，其主要表现之一就是占用或转移上市公司的现金。因此，我们提出以下研究假设：

假设2：控制权/现金流权偏离度与公司现金持有量负相关。

Dyck 和 Zingales（2003）研究发现投资者受保护程度与控制权的私有利益负相关。王俊秋和张奇峰（2007）也发现我国民营上市公司的终极股东“掏空”上市公司的概率与现金流权和控制权的分离程度正相关；同时，较高的法治水平能够有效地遏制终极股东的“掏空”行为。这说明利益侵占也是有成本的，如果治理环境对投资者保护增强，侵占成本上升，则会部分遏制控制权

和现金流权分离所引起的终极控股股东的侵占行为。从治理环境的分析框架出发，我们认为，在所处地区治理环境差的上市公司中，终极股东控制权/现金流权偏离度与现金持有量的负向关系会更加显著，而在所处地区治理环境好的上市公司中，由于对中小投资者利益的保护程度更高，在一定程度上可以削弱终极股东的利益侵占效应，进而减轻这种负向影响。因此，我们提出以下研究假设：

假设 3：治理环境的改善有助于减弱终极股东控制权/现金流权偏离度对现金持有量的负面影响。

2.3.2 研究设计

1. 样本选择与数据来源

我们根据 CCER 民营上市公司数据库提供的统计资料，以 2003—2006 年所有民营上市公司为初选样本，并依据以下原则进行了筛选：①不考虑金融类上市公司，这是鉴于金融类公司的自身特性而将之剔除。②剔除 ST、PT 公司。③剔除所需数据缺失的公司。最后得到 1 250 个观测值。对于所使用到的主要连续变量，为了消除极端值的影响，我们对处于0 ~1% 和 99% ~ 100%之间的极端值样本进行了 WINSORIZE 处理。研究采用的终极股东控制权和现金流权等数据来自 CCER 民营上市公司数据库，治理环境数据则根据樊纲和王小鲁（2007）编制的各地区市场化进程数据及其子数据构建而成，其他数据主要来自国泰君安公司的 CSMAR 数据库。

2. 模型设计及变量定义

借鉴 Opler et al. （1999）的做法构建的现金持有量影响因素模型如下：

$$Cash = a_0 + a_1 Index + a_2 V/C + a_3 Size + a_4 Cflow + a_5 Leverage + a_6 Nwc + a_7 Capex + a_8 M/B + a_9 Dividend + YearDummies + \varepsilon_{i,t}$$

（1）被解释变量：现金持有量水平（*Cash*）。按照国内外相关研究文献，我们把货币资金和短期投资定义为现金持有量水平，用非现金资产（以总资产减去现金持有量表示）标准化，同时在回归分析时进行对数化处理。另外，为了消除行业因素的影响，我们按照中国证监会行业分类标准对现金持有量水平进行调整。具体调整方法为：

行业调整的现金持有量水平＝公司现金持有量水平－公司所在行业现金持有量水平的均值

（2）解释变量：治理环境指数（*Index*）和控制权/现金流权偏离度（*V/C*）。*Index* 是公司治理环境指数的统称。我们将樊纲和王小鲁（2007）提供的各地区 2001—2005 年市场化相对进程以及市场中介发育和法律制度环境平均得分分别作为各地区的市场化指数（*IndexMAR*）和法治水平指数（*IndexLAW*），从而获得各地区治理环境数据，我们在实际检验中分别纳入 *IndexMAR* 和 *IndexLAW* 这两个变量来代替 *Index* 变量。

V/C 表示控制权/现金流权的偏离度。以控制权与现金流权的比率作为偏离度，*V/C* 越大，则说明现金流权与控制权的偏离程度越大。

（3）控制变量。根据 Opler et al.（1999）、Dittmar et al.（2003）的研究，我们在模型中加入了公司财务杠杆（*Leverage*）、公司规模（*Size*）、资本支出（*Capex*）、营业现金流（*Cflow*）、净营运资本（*Nwc*）、股利支付哑变量（*Dividend*）以及公司成长性（*M/B*）等对公司现金持有量水平具有较大影响的控制变量。变量及其定义如表 2－6 所示。

表 2－6 变量及其定义

变量名称	变量代码	变量定义
现金持有量	*Cash*	（现金＋短期投资）/非现金资产
控制权/现金流权偏离度	*V/C*	控制权/现金流权
治理环境指数	*Index*	分别用 *IndexMar* 和 *IndexLaw* 表示市场化指数、法治水平指数
公司规模	*Size*	LN（非现金资产）
营业现金流	*Cflow*	（净利润＋折旧＋摊销）/非现金资产
财务杠杆	*Lev*	总负债/总资产
净营运资本	*Nwc*	净营运资本/非现金资产
资本支出	*Capex*	（经营性租赁支付的现金＋购建固定资产、无形资产以及其他长期资产所支付的现金－处置固定资产、无形资产以及其他长期资产收回的现金净额）/非现金资产
成长性	*M/B*	（流通股市值＋非流通股股数×每股净资产＋负债）/总资产
股利支付哑变量	*Dividend*	公司当年支付现金股利时等于 1，否则为 0

注：非现金资产等于总资产减去现金持有量

2.3.3 实证结果与分析

1. 描述性统计

表 2－7 是主要变量的描述性统计。从表 2－7 发现，全样本的现金持有量均值与中位数分别为 0.247 和 0.160，反映终极股东控制权/现金流权偏离度的解释变量 *V/C* 最大值达到 10.285，均值为 2.120，我国民营上市公司终极股东控制权/现金流权偏离

度较高。治理环境指数中，*IndexMAR* 和 *IndexLAW* 的最大值分别为9.106、11.244，最小值分别为1.160、1.512，地区间不平衡。表2－8的进一步统计检验结果表明，治理环境指数高的公司现金持有量的均值和中位数显著高于治理环境指数低的公司，上市公司所处的地区市场化程度和法治水平越高，则公司现金持有水平越高。终极控制权一致的公司现金持有量的均值为0.319，中位数为0.225，显著高于终极控制权不一致的公司；终极股东控制权与现金流权偏离程度越大，现金持有水平越低。总之，描述性统计结果与研究假设1和假设2预期相一致。

表2－7　主要变量的描述性统计

变量	样本数	均值	中位数	标准差	最小值	最大值
Cash	1 250	0.247	0.160	0.258	0.002	1.451
Size	1 250	20.721	20.688	0.834	18.856	22.816
Cflow	1 250	0.046	0.059	0.117	−0.702	0.267
Lev	1 250	0.508	0.518	0.193	0.096	1.148
Nwc	1 250	−0.068	−0.060	0.248	−0.818	0.497
Capex	1 250	0.074	0.050	0.084	−0.067	0.363
M/B	1 250	1.271	1.172	0.341	0.892	2.838
Dividend	1 250	0.435	0.000	0.496	0.000	1.000
V/C	1 250	2.120	1.491	1.717	1.000	10.285
IndexMAR	1 250	6.977	7.480	1.902	1.160	9.106
IndexLAW	1 250	5.779	5.156	2.539	1.512	11.244

表2-8　不同治理环境和终极控制权特征下现金持有量差异检验

	样本数	均值	*t* 值	中位数	*z* 值
IndexMAR <中位数	623	0.192	−7.675***	0.127	−7.970***
IndexMAR ≥中位数	627	0.302		0.196	
IndexLAW <中位数	617	0.191	−7.831***	0.124	−7.264***
IndexLAW ≥中位数	633	0.302		0.199	
控制权=现金流权	268	0.319	4.535***	0.225	−4.633***
控制权>现金流权	982	0.228		0.151	

注：平均值的检验方法是 *t* 检验，中位数的检验方法是 Mann-Whitney Test。***为1%水平上显著（双尾检验）

2. 回归分析

（1）治理环境、控制权/现金流权偏离度与现金持有量的检验。表2-9是治理环境、控制权/现金流权偏离度与现金持有量的检验结果。模型1和模型2是引入解释变量 *Index* 之后的回归结果，结果表明，变量 *IndexMAR* 和 *IndexLAW* 均与公司现金持有量在1%的水平上显著正相关，说明当公司治理环境较差时，公司持有现金就为控股大股东与管理层的利益转移行为提供了更多的机会，现金作为流动性最强的资产，更容易异化成大股东“资源转移”的对象而使公司持有的现金平均余额较低；当治理环境较好时，可以为中小投资者提供更高程度的保护，治理环境的改善有助于抑制控股股东的利益侵占行为，上市公司的现金持有水平较高，假设1得到了支持。模型3是引入解释变量 *V/C* 之后的回归结果，终极股东控制权/现金流权偏离度与现金持有量在5%水平上显著负相关，这意味着终极股东控制权与现金流权一致的上市公司具有更高的现金持有水平，而终极股东控制权/现金流权的偏离度越大，上市公司的现金持有水平越低，假设2得到了支持。

表2-9 治理环境、控制权/现金流权偏离度与现金持有量回归结果

自变量	模型1	模型2	模型3
(*Constant*)	4.191***(4.821)	4.619***(5.328)	4.773***(5.441)
IndexMAR	0.098***(6.600)		
IndexLAW		0.067***(6.057)	
V/C			-0.040**(-2.379)
Size	-0.207***(-5.008)	-0.215***(-5.187)	-0.204***(-4.862)
Cflow	3.490***(11.397)	3.512***(11.443)	3.563***(11.471)
Lev	-1.310***(-5.927)	-1.292***(-5.836)	-1.221***(-5.455)
Nwc	-0.965***(-6.957)	-0.977***(-7.013)	-0.960***(-6.769)
Capex	-0.122 (-0.326)	0.033 (0.088)	0.052 (0.136)
M/B	-0.093 (-1.012)	-0.095 (-1.022)	-0.071 (-0.763)
Dividend	0.187***(2.999)	0.203***(3.267)	0.251***(4.009)
Year	控制	控制	控制
Adjusted R^2	0.284	0.280	0.262
F	45.952***	45.102***	41.264***
N	1 250	1 250	1 250

注：括号中的数字为 *t* 检验值。*、**、***分别表示显著性水平为10%、5%、1%。*VIF* 远小于10。各模型的 *D-W* 检验值均接近2

（2）治理环境改善对控制权/现金流权偏离度与现金持有量相关性影响的检验。为了检验假设3，表2-10是在模型中引入控制权/现金流权偏离度与治理环境指数的交叉项

（*V/C* * *IndexDummy*）① 的检验结果。其中，*IndexDummy* 是公司治理环境指数虚拟变量的统称，当治理环境指数高于中位数时取1，否则取0，我们在实际检验中分别纳入 *IndexMARDummy* 和 *IndexLAWDummy* 这两个变量来代替 *IndexDummy*。从表2－10中的两个模型可以发现，变量 *V/C* 的系数仍保持显著为负不变，同时乘积项 *V/C* * *IndexDummy* 的系数显著为正，这一结果有力地支持了假设3，表明治理环境越好，终极控制权/现金流权的偏离度与现金持有量的负向影响越低。治理环境的改善有助于抑制终极股东的利益侵占效应，上市公司的现金持有水平较高。

表2－10　治理环境改善对控制权/现金流权偏离度与现金持有量相关性影响的检验结果

自变量	模型1	模型2
(*Constant*)	4.338***(4.974)	4.683***(5.416)
V/C	−0.048**(−2.468)	−0.060***(−3.030)
IndexMAR	0.069***(3.354)	
V/C * *IndexMARDummy*	0.055* (1.904)	
IndexLAW		0.038***(2.571)
V/C * *IndexLAWDummy*		0.078***(2.790)
Size	−0.203***(−4.917)	−0.209***(−5.052)
Cflow	3.490***(11.414)	3.511** (11.477)
Lev	−1.293***(−5.853)	−1.267***(−5.734)
Nwc	−0.982***(−7.022)	−0.983***(−7.009)

① 经过检验，如果直接用 *V/C* * *Index* 作为交互项，将产生严重的多重共线性问题，降低最后结果的可信度。因此，我们参照罗长远（2005）、王文剑（2007）的做法，引入 *Index* 的哑变量，记为 *IndexDummy*，交互项为 *V/C* * *IndexDummy*，这一做法很好地避免了多重共线性问题。

（续上表）

自变量	模型 1	模型 2
Capex	−0.165 （−0.439）	−0.096 （−0.255）
M/B	−0.077 （−0.828）	−0.070 （−0.762）
Dividend	0.202***（3.232）	0.215***（3.459）
Year	控制	控制
Adjusted R^2	0.286	0.285
F	39.529***	39.289***
N	1 250	1 250

注：括号中的数字为 *t* 检验值。*、**、*** 分别表示显著性水平为 10%、5%、1%。*VIF* 远小于 10。各模型的 *D* − *W* 检验值均接近 2

为了考察不同治理环境下终极控制权/现金流权偏离度对现金持有量的影响，进一步检验假设 3，我们进行了分组回归。根据各地区的治理环境指数排名，我们将治理环境指数高于中位数的地区的上市公司视为治理环境好的样本，其他地区的上市公司划为治理环境差的样本。然后分别对每组样本公司进行回归检验，以比较治理环境不同时终极控制权/现金流权偏离度对现金持有量的影响是否存在差异。表 2 −11 列示了分组比较的回归结果。结果表明，终极控制权/现金流权偏离度与现金持有量之间的负相关关系只在治理环境差的子样本中显著，在治理环境好的子样本中不显著，这与我们的假设 3 一致。由此可见，在治理环境好的上市公司中，终极股东利用控制权与现金流权偏离来侵害中小股东利益的程度可能会轻一些。也就是说，好的治理环境可以为中小投资者提供更高程度的保护，抑制控制权和现金流权偏离所引起的终极股东的侵占行为。

表2-11 不同治理环境下控制权/现金流权偏离度对现金持有量的影响

自变量	治理环境差的样本		治理环境好的样本	
	低市场化指数	低法治水平指数	高市场化指数	高法治水平指数
(*Constant*)	4.156***(2.905)	4.147***(2.900)	5.281***(5.074)	5.291***(5.096)
V/C	-0.043*(-1.859)	-0.043*(-1.823)	-0.017(-0.701)	-0.018(-0.771)
Size	-0.179***(-2.640)	-0.182***(-2.676)	-0.209***(-4.128)	-0.207***(-4.082)
Cflow	3.669***(7.383)	3.915***(7.720)	3.233***(8.598)	3.093***(8.381)
Lev	-1.416***(-4.252)	-1.328***(-3.967)	-1.325***(-4.496)	-1.394***(-4.767)
Nwc	-1.044***(-4.564)	-0.976***(-4.251)	-1.033***(-6.106)	-1.075**8 (-6.411)
Capex	-0.143 (-0.233)	-0.154 (-0.250)	-0.113 (-0.251)	-0.118 (-0.264)
M/B	-0.037 (-0.263)	-0.031 (-0.223)	-0.173 (-1.436)	-0.187 (-1.556)
Dividend	0.393***(3.892)	0.382***(3.786)	0.006 (0.075)	0.002 (0.022)
Year	控制	控制	控制	控制
Adjusted R^2	0.225	0.231	0.309	0.304
F	17.388***	17.861***	26.414***	26.105***
N	623	617	627	633

注：括号中的数字为 t 检验值。*、**、***分别表示显著性水平为10%、5%、1%。*VIF* 远小于10。各模型的 *D-W* 检验值均接近2

3. 稳健性检验

为了验证本部分实证结果的可靠性，我们又进行了如下检验：首先，用反映市场化程度和法治水平程度高低的虚拟变量来代替原来的指数变量，当市场化指数（或者法治水平指数）高于中位数时取1，否则取0。其次，考虑到各个地区的上市公司数不一致可能对回归结果的影响，我们用分年度分地区的上市公司数作为权数进行加权最小二乘法分析。最后，按照 CCER 民营上市公司数据库提供的统计口径对终极股东控制权、现金流权与现金持有量进行回归分析，没有对终极股东有效控制的比例进行严格界定。根据 La Porta et al.（1999）、Faccio 和 Lang（1999）等一些有代表性的研究中常常把终极股东有效控制比例界定为 10% 或 20%，我们选择 10% 作为终极股东有效控制比例，对以上研究结论进行检验。在上述可靠性检验中，实证结果都没有发生实质性的改变。

2.3.4 本章结论

本部分从终极股东与其他股东的利益分歧角度分析治理环境、终极股东对现金持有量的影响，提出治理环境、终极控制权与现金持有量之间的关系假设，并利用 2003—2006 年我国民营上市公司的 1 250 个数据进行实证检验。结果发现：①治理环境与现金持有量正相关。②控制权/现金流权偏离度与现金持有量显著负相关，治理环境的改善有助于减轻这种负向影响。这表明终极股东可能会利用两权分离剥夺中小股东的利益，侵占和挪用上市公司的资金通常会成为其实现控制权私利的一种手段，而治理环境的改善对终极股东有一定的治理效应。

第3章 行业特征、产品市场竞争与公司现金持有量的实证研究

20世纪80年代中期以来，产品市场竞争与公司融资政策之间的关系受到金融经济学家和产业经济学家的关注（Brander & Lewis，1986；Bolton & Scharfstein，1990），产品市场竞争激励程度较高的行业企业，往往采取财务保守行为（financial conservatism）。所谓财务保守行为是指企业在较长的时间内持续地采用低财务杠杆的财务政策的一种行为。与传统的注重追求最佳避税和破产成本权衡的资本结构管理的观点相比，保守的财务政策更加重视对风险的控制以及对企业财务弹性（financial flexibility）的追求，强调公司财务政策和融资战略及竞争战略的协调一致性。除了上述基于资本结构理论的财务保守行为的定义外，还有一些金融经济学家主要采用企业的现金充裕（cash rich）程度标准来定义财务保守行为（Opler et al.，1999；Mikkelson&Partch，2003），这就意味着保守的财务行为往往就是采

用低财务杠杆、高持有现金的政策。Haushalter et al.（2007）从产品市场特征视角的实证研究发现，公司的现金持有量与公司产品市场的竞争程度正相关，产品的行业特征是影响公司现金持有量的一个重要因素。然而，国内已有的实证研究文献几乎未涉及行业特征与产品市场竞争对公司现金持有量影响的实证研究，本章对此进行探索。

3.1 理论分析与研究假设

由于公司与外部资金提供者之间的信息不对称和契约问题，公司从外部资本市场上融资的成本高于内部融资成本（Myers & Majluf，1984），这种成本将会导致公司因内部资金不足而放弃增加公司价值的投资项目，发生投资不足。Minton 和 Schrand（1999）研究发现，现金流波动大的企业，面临的外部融资成本较高，其对资本支出的投资也较低。公司的投资不足会导致公司面临因投资机会与市场份额被市场竞争者享有而产生的掠夺性风险。这种掠夺性风险主要取决于公司的投资项目与市场竞争者的相互依赖程度（Froot et al.，1993）。也就是说，行业特征与产品市场竞争程度将会影响公司的这种掠夺性风险。因此，公司的投资机会、融资决策与产品市场竞争之间具有一定的关系。20 世纪 80 年代中期以来，产品市场竞争与公司融资政策之间关系受到金融经济学家和产业经济学家的关注（Brander & Lewis，1986；Bolton & Scharfstein，1990）。当企业提高与其业绩敏感性较强的负债融资比例时，产品市场上的竞争对手就会通过一定的手段降低它们的业绩，进而负债融资比例较高企业的债权人就有可能中断投资。同时，随着企业利润和经营现金流量的下降，引起客户、供应商等利益相关者出于自身风险控制的考虑，采取对企业经营“雪上加霜”的行动，导致销售下降和市场份额萎缩，内外融资能力进一步减弱，最终导致它们提前退出市场。Phillips

(1995)、Chevalier (1995)、Kovenock 和 Phillips (1997)、Campello (2003, 2006) 的实证研究发现，当企业高财务杠杆导致的融资约束降低它们投资成长机会的能力时，就会面临来自竞争对手的掠夺威胁。Opler 和 Titman (1994) 的实证研究发现，处于困境行业中的高财务杠杆公司因其市场份额被低财务杠杆的竞争对手占有而容易退出行业。Zingales (1998) 对美国解除运输公司管制后各企业财务杠杆水平对其竞争地位和生存能力的影响进行了分析，结果发现，运输公司管制解除后，由于竞争加剧和价格战，破产企业显著增加，而且破产企业大多数是管制解除前财务杠杆较高的企业。因此，企业的高负债融资水平使其在产品市场竞争中更为软弱从而处于不利地位，企业通过内部融资方式为投资项目融资的能力能够缓解这种风险（Bolton & Scharfstein, 1990）。Kim et al. (1998)、Opler et al. (1999)、Mikkelson 和 Partch (2003) 的研究为外部融资成本较高的高成长性企业通过持有较多现金解决投资不足问题的观点提供了证据。因此，避免竞争对手进行掠夺性竞争的有效途径就是增加现金持有量，降低负债的融资比例，高额持有现金本身就成为一项竞争优势，尤其是在与竞争对手经营效率无差异时。

Froot et al. (1993) 认为，风险管理因能减少企业对外部融资的依赖而能解决企业的投资不足。Haushalter (2000) 的研究发现，当企业面临严重的融资约束或具有较高的成长机会时，企业更可能广泛应用衍生金融工具和套期保值。Acharya et al. (2004) 为持有现金可作为一种风险管理的工具提供了证据，持有较多现金具有衍生金融工具在降低企业掠夺性风险方面的相同功效，持有现金可以作为衍生金融工具的替代方式。Almeida et al. (2004) 以美国制造企业为样本，将企业分为融资约束型公司与非融资约束型公司，分析了现金持有量对现金流量的敏感性差异以及企业的财务状况对它的影响程度。他们的研究发现，与非融资约束型公司相比，融资约束型公司从实现的现金流入量中储备的现金更多，而且融资约束型公司在经济萧条时会储备更多的现金。Harford et al. （2003）认为，高额持有现金的企业在行业衰退时和衰退后能够继续投资他们的成长机会。

由于高额持有现金能使企业避免在产品市场竞争中处于不利的地位，所以，企业在确定现金持有量时必须结合行业竞争格局。一般而言，竞争程度低的行业，如垄断行业、公用事业等，其产品不存在研究开发、更新换代和市场营销问题，经营风险主要是需求不足而不是竞争，产品或服务的价格比较稳定，财务困境成本相对较小。而在竞争性行业，因同类产品之间的激烈竞争，企业一方面要持续投资，开发新产品，加快技术更新，以争夺市场份额；另一方面又要保证自己在激烈的竞争中得以生存，企业面临很大的经营风险。一个企业要想在竞争激烈的环境中立于不败之地，必须尽量使其财务杠杆低于竞争对手而持有较高额现金。Titman 和 Wessel （1988）认为，在清算中，生产独特性产品的公司，其顾客、供应商、工人会遭受到更高成本，因为其工人和供应商可能具有工作特征技能和资本，顾客较难找到可替代的服务。因此，当其他条件不变时，与利益相关者相关的代理成本对于提供相对专用化产品和劳务的公司而言更高，这类企业相应地选择较低的负债融资比率而持有较多的现金。

根据以上分析，本章提出如下假设：行业之间的现金持有量存在明显差异，产品市场竞争程度与公司现金持有量正相关，公司产品的独特性程度与现金持有量正相关。

3.2 研究设计

3.2.1 样本选择与数据来源

以我国 2000 年 12 月 31 日前的 A 股上市公司为初选样本，以 2001—2006 年为研究区间，并依据以下原则进行筛选：①不考虑金融、保险类上市公司。这是鉴于金融、保险类公司的自身特性而将之剔除。②剔除所需数据缺失的公司。③剔除因收益异常而被ST、PT的公司。④为使样本行业的公司保持适当数量，以避免行业公司过少对结果的影响，本章剔除了公司数目太少（少于15家）的行业。按照中国证监会2001年颁布的《上市公司行业分类指引》，筛选后样本公司共涉及15个行业（制造业取两位代码分类；其他行业取一位代码分类）、786家公司。此外，为避免个别公司某些年份现金持有量极端值的影响，本章还剔除了样本序列前后各5%部分的现金持有量异常值（按升序排列），最后剩余观测值4 239个。本研究使用的数据来源于国泰君安公司的CSMAR交易数据库与WIND数据库。

3.2.2 模型设计与变量定义

1. 模型设计

参照Opler et al.（1999）的研究方法构建如下模型检验行业特征与产品市场竞争对公司现金持有量的影响。

$$\text{Ln}\left(Cash_{i,t}/NA_{i,t}\right) = a_0 + a_1 Industry_{i,t} + a_2 Lev_{i,t} + a_3 \text{Ln}size_{i,t} + a_4 M/B_{i,t} + a_5 CF_{i,t} + a_6 Nwc_{i,t} + a_7 Capex_{i,t} + \varepsilon_{i,t}$$

其中$Cash_{i,t}$是i公司在第t年末的现金持有量。$NA_{i,t}$是i公司在第t年末的总资产减去现金持有量的余额。$Industry_{i,t}$为产品市场竞争程度与行业特征的变量。

2. 产品市场竞争与行业特征变量的选择

（1）反映市场集中度的赫芬因德指数（Herfindahl - Hirschman Index），以HHI表示，以每家公司的市场销售份额占行业总市场份额比例的平方和计算。其计算公式如下：

$$HHI = \sum_f \left(X_f/\sum X_f\right)^2$$

其中 X_f 为公司 f 的销售额。

当行业可容纳的企业数目一定时，一个行业内同等规模的企业越多，行业内企业之间的竞争越激烈，企业行为的相互影响程度就越大。赫芬因德指数合理地反映了行业的市场集中程度，可以大体上反映行业的竞争情况。赫芬因德指数越小，说明行业的集中度越低，意味着行业的竞争程度越激烈。因此，赫芬因德指数越小，行业市场竞争强度越大，*HHI* 与公司现金持有量负相关。

（2）行业四大公司集中率。我们借鉴 Haushalter et al.（2007）的做法，以各行业前四大公司的集中率作为反映行业集中度的另一指标，以 *TOP* -4 表示，用每个行业中前四大公司的市场份额占行业总体市场份额的比重计算。企业数目可以作为产品市场竞争强度的一个近似的衡量指标，如果规模相当企业数目较少，如寡头竞争，企业行为更容易受到竞争对手行为的影响，企业在制定融资战略时必须考虑其他企业所制定的战略。所以，行业四大公司集中率 *TOP* -4 与现金持有量正相关。

（3）自然边界（natural hedge），以 *NH* 表示。我们借鉴 Mackey 和 Phillips（2005）、Haushalter et al.（2007）关于行业影响的度量，采用资本—劳动化比率（capital - labor ratio）作为技术创新的替代（用某行业某年的资本—劳动化比率的中值代表行业核心技术），计算出 *NH*，用以衡量公司的主要生产技术与其所在行业核心技术的差距或经营相似程度。其计算公式为：

$$NH_{f,i,y}=\frac{|(K/L)_{f,i,y}-Median_{i,y,-f}(K/L)|}{range\{|(K/L_{f,i,y}-Median_{i,y,-f}(K/L))|\forall f\in i,y\}}\in[0,1]$$

其中，*K/L* 表示资本—劳动化比率，*f* 代表公司，*i* 代表行业，*y* 表示年度。越小的 *NH* 值意味着更高的公司间经营相似程度，即公司间投资机会的依赖程度也更大，此时公司间竞争程度将更加激烈。所以，*NH* 值与公司现金持有量负相关。

（4）产品独特性或专用性程度变量。本章参考 Titman 和 Wessel（1988）的做法，用销售费用占主营业务收入的比例度量独特性，以 *UNIQ* 表示。*UNIQ* 与公司现金持有量正相关。

根据 Kim et al. （1998）、Opler et al. （1999）、Dittmar et al.（2003）的研究，我们在模型中加入了公司财务杠杆（*Lev*）、公司规模（Ln*size*）、公司成长性（*M/B*）、现金流（*CF*）、净营运资本（*Nwc*）、资本性支出（*Capex*）等控制变量。随着财务杠杆的增加，企业破产的概率就会上升，为减小企业出现财务困境的可能性，高财务杠杆的企业一般持有较多的现金。另一方面，财务杠杆比率反映企业举债的能力，财务杠杆越高，企业的举债能力越强，企业持有现金量就越低。根据这种观点，企业可以将举借债务当作现金持有量与流动性证券的替代物（John，1993）。与小规模企业相比，大规模企业融资能力强，又由于规模经济外部融资的成本也较低，往往持有较少的现金。而融资优序理论认为，大规模企业一般是经营成功的企业，因此，控制投资以后，拥有较多的现金（Opler et al. ，1999）。较多盈利性投资机会的增加意味着如果公司面临现金短缺将不得不放弃好的项目。因此，投资机会越多的成长性企业应持有更多的现金。现金流量是企业持有现金的来源，对现金流量较多的企业来说，可以考虑偿还借款、发放股利，也可形成较高的现金持有量。现金以外的流动资产在发生现金短缺时能以较低的成本变现，这些流动资产被当作是现金的替代物。因此，净营运资本较多的企业往往现金持有水平较低。然而，现金周转时间短的公司不必为预防动机持有较多的现金，结果，现金持有量与净营运资本又正相关。按照静态权衡理论，资本性支出多的公司应当持有较多的现金，而优序融资理论认为资本支出多的公司由于资源少，积累的现金也就少，两种理论对资本性支出的影响的观点不一致。控制变量的定义如表 3－1 所示。

表3-1　控制变量的定义

变量名称	变量代码	变量定义	预期符号
资产负债率	*Lev*	总负债/总资产	±
公司规模	Ln *size*	公司总资产的自然对数	±
公司成长性	*M/B*	资产的市值/资产的账面价值，资产的市场价值以非流通股与每股净资产的乘积与流通股的市场价值和负债的账面价值之和表示	+
现金流	*CF*	（税前利润+折旧）/（总资产-现金期末余额）	+
净营运资本	*Nwc*	（净营运资本-现金期末余额）/（总资产-现金期末余额）	±
资本性支出	*Capex*	（固定资产净值变化+累计折旧）/（总资产-现金期末余额）	±

3.3　实证检验结果

3.3.1　描述性统计

1. 各行业现金持有量的描述性统计

各样本行业现金持有量的描述性统计结果如表3-2所示。由表3-2可知，食品、饮料行业（C0）2001—2006年公司现金持有量均值最高，为26.34%，然后依次为信息技术行业（G）24.67%，医药生物制品行业（C8）19.24%，批发和零售贸易行业（H）18.98%，电子行业（C5）18.58%，机械、设备、仪表行业（C7）18.27%，均高于全部行业17.69%的均值。以上行业都是竞争程度相对激烈的行业，面临需求不足、消费偏好易转换、同类产品竞争大以及产品快速更新换代的技术风险，因而持有较多的现金。现金持有量最低的行业是电力、煤气及水的生产和供应业（D），2001—2006年的均值为13.79%，然后依次是金属、非金属行业（C6）14.69%，社会服务业（J）15.03%，以上行业具有垄断性的特征，产品市场竞争小，产品不存在研究开发、更新换代和市场营销问题，收益风险主要是需求不足，而不是竞争，产品或服务价格比较稳定，收益均值较高，且较稳定，行业的现金持有量也相应较低。总之，行业现金持有量的描述性统计基本上支持了公司现金持有量在行业之间存在差异，产品市场竞争程度与公司现金持有量正相关，产品市场竞争越激烈，公司持有的现金越多，以保护产品在市场中的竞争优势的观点。

表3-2 行业门类及制造业大类公司现金持有量的描述性统计

行业代码	公司数目	2001均值（标准差）	2002均值（标准差）	2003均值（标准差）	2004均值（标准差）	2005均值（标准差）	2006均值（标准差）	2001—2006均值（标准差）
A	16	18.27 (8.85)	17.86 (10.19)	19.52 (11.79)	16.23 (11.39)	17.16 (12.82)	15.36 (10.81)	17.37 (10.80)
C0	40	28.65 (13.99)	31.01 (14.19)	29.74 (13.39)	23.38 (12.71)	21.89 (13.56)	23.76 (12.47)	26.34 (13.67)
C1	46	20.73 (12.27)	19.10 (11.99)	17.22 (10.44)	16.01 (9.66)	15.13 (9.73)	13.99 (9.49)	16.98 (10.78)
C4	93	19.17 (13.11)	18.76 (12.89)	16.05 (10.69)	14.14 (8.66)	13.04 (9.06)	12.73 (7.82)	15.54 (10.68)
C5	25	23.20 (12.13)	21.48 (15.49)	17.40 (7.63)	18.19 (11.14)	14.43 (9.72)	16.17 (11.05)	18.58 (11.74)
C6	77	18.27 (12.01)	14.07 (10.68)	15.18 (10.29)	14.36 (9.87)	12.89 (10.10)	13.55 (9.67)	14.69 (10.53)

（续上表）

行业代码	公司数目	2001 均值（标准差）	2002 均值（标准差）	2003 均值（标准差）	2004 均值（标准差）	2005 均值（标准差）	2006 均值（标准差）	2001—2006 均值（标准差）
C7	129	17.62 (11.47)	20.67 (12.47)	18.16 (11.59)	18.24 (11.60)	17.64 (10.19)	17.26 (11.97)	18.27 (11.58)
C8	52	23.48 (15.45)	23.36 (14.80)	20.57 (14.44)	17.94 (12.69)	16.39 (12.60)	14.05 (10.47)	19.24 (13.81)
D	36	19.20 (12.42)	16.29 (11.68)	14.41 (10.92)	11.20 (8.47)	10.73 (9.67)	10.55 (6.97)	13.79 (10.62)
F	34	17.21 (12.49)	17.57 (12.68)	16.53 (13.74)	13.79 (10.29)	14.39 (13.83)	17.07 (14.78)	16.10 (12.98)
G	37	28.62 (12.89)	25.01 (10.58)	23.85 (12.29)	25.24 (13.53)	21.63 (11.06)	23.77 (13.66)	24.67 (12.44)
H	77	19.51 (13.99)	16.86 (11.64)	18.99 (13.40)	19.85 (14.23)	18.62 (11.71)	20.05 (13.54)	18.98 (13.11)
J	28	14.76 (9.36)	13.36 (7.84)	15.26 (10.53)	18.68 (13.85)	13.75 (7.82)	13.97 (7.77)	15.03 (9.88)
K	34	19.93 (13.63)	18.74 (11.49)	16.56 (11.91)	14.32 (9.51)	12.71 (8.21)	12.63 (8.65)	15.75 (10.92)
M	62	17.99 (11.23)	19.66 (13.37)	18.41 (14.43)	16.61 (11.17)	14.22 (9.85)	16.21 (11.64)	17.16 (12.09)
总计	786	19.92 (12.90)	19.36 (12.83)	18.22 (12.38)	17.07 (11.57)	15.67 (10.90)	16.05 (11.33)	17.69 (12.10)

2. 行业间现金持有量差异的假设检验

表3－3、表3－4分别是9个行业门类与7个制造业大类公司现金持有量差异的Kruskal－Wallis H检验结果。从表3－3、表3－4可发现，我国上市公司现金持有量在行业门类及制造业大类之间存在显著差异。

表3－3　9个行业门类公司现金持有量差异的 Kruskal－Wallis H 检验结果

	2001年	2002年	2003年	2004年	2005年	2006年	2001—2006
卡方检验值	41.128	64.237	49.836	52.830	63.682	57.910	259.833
p－value	0.002***	0.000***	0.000***	0.000***	0.000***	0.000***	0.000***

注：9个行业门类是指样本涉及的制造业与其他8个行业。***表示在99%的置信水平下显著

表3－4　7个制造业大类公司现金持有量差异的 Kruskal－Wallis H 检验结果

	2001年	2002年	2003年	2004年	2005年	2006年	2001—2006
卡方检验值	19.392	41.031	33.818	21.885	28.865	28.629	141.838
p－value	0.004***	0.000***	0.000***	0.001***	0.000***	0.000***	0.000***

注：制造业共有7个大类，442家公司，2 479个观测值。***表示在99%的置信水平下显著

表3－5是分别以产品市场竞争变量 *HHI*、*TOP*－4、*NH* 以及行业特征变量 *UNIQ* 的中位数为标准将样本划分为四组子样本所进行的公司现金持有量描述性统计。从表3－5可发现，小于 *HHI* 中位数的子样本现金持有量的均值与中位数分别是0.179 9和0.145 8，均高于大于 *HHI* 中位数的子样本，而且两个子样本的均值还存在显著差异。大于 *TOP*－4中位数的子样本现金持有量的均值与中位数分别为0.183 1和0.148 2，显著高于小于 *TOP*－4中位数的子样本。小于 *NH* 中位数的子样本现金持有量的均值与中位数分别为0.173 8和0.140 4，均高于大于 *NH* 中位数的子样本，而且两个子样本的中位数存在显著差异。大于 *UNIQ* 中位数的子样本现金持有量的均值与中位数分别为0.186 8和0.151 4，显著高于小于 *UNIQ* 中位数的子样本。除 *NH* 外，基于其他变量划分的子样本现金持有量差异的描述性统计均与研究假设相一致。

表 3-5 基于产品市场竞争与行业特征指标的公司现金持有量的描述性统计

	Mean	*Median*
Panel A：全样本的现金持有量	0.176 7	0.143 6
Panel B：基于 *HHI* 划分的子样本现金持有量		
HHI <*Median* 的子样本现金持有量	0.179 9	0.145 8
HHI >*Median* 的子样本现金持有量	0.173 7	0.141 9
p - value	0.082 0	0.328 0
Panel C：基于 *TOP* -4 划分的子样本现金持有量		
TOP -4 <*Median* 的子样本现金持有量	0.170 3	0.138 9
TOP -4 >*Median* 的子样本现金持有量	0.183 1	0.148 2
p - value	0.000 0	0.028 0
Panel D：基于 *NH* 划分的子样本现金持有量		
NH <*Median* 的子样本现金持有量	0.173 8	0.140 4
NH >*Median* 的子样本现金持有量	0.179 6	0.146 6
p - value	0.106 0	0.076 0
Panel E2：基于 *UNIQ* 划分的子样本现金持有量		
UNIQ <*Median* 的子样本现金持有量	0.166 9	0.137 7
UNIQ >*Median* 的子样本现金持有量	0.186 8	0.151 4
p - value	0.000 0	0.001 0

注：均值差异的检验方法是 *t* 检验，中位数差异的检验方法是多独立样本非参数检验

3.3.2 回归结果

表 3-6 是行业特征及产品市场竞争变量与公司现金持有量的回归结果。

表3-6 行业特征与产品市场竞争影响公司现金持有量的检验结果

	模型1	模型2	模型3	模型4	模型5
常数	0.143*** (3.314)	0.142*** (3.089)	0.148*** (3.241)	0.112** (2.427)	0.082 (1.770)
HHI	-0.115** (-2.299)				-0.283*** (-4.027)
TOP-4		0.028* (1.616)			0.097*** (3.996)
NH			0.0001 (0.116)		0.0001 (0.216)
UNIQ				0.133*** (5.351)	0.118*** (4.675)
Lev	-0.121*** (-10.620)	-0.116*** (-10.257)	-0.117*** (-10.397)	-0.116*** (-10.310)	-0.120*** (-10.573)
Ln *size*	0.003 (1.328)	0.002 (0.958)	0.002 (1.032)	0.03 (1.598)	0.004*** (2.003)
M/B	0.022*** (11.956)	0.022*** (12.272)	0.022*** (12.129)	0.022*** (11.989)	0.021*** (11.765)
CF	0.07*** (4.626)	0.071*** (4.676)	0.070*** (4.632)	0.083*** (5.464)	0.084*** (5.506)
Nwc	1.48E-011*** (8.819)	1.51E-011*** (9.015)	1.51E-011*** (9.033)	1.50E-011*** (8.997)	1.41E-011*** (8.403)
Capex	-0.082*** (-6.301)	-0.083*** (-6.360)	-0.082*** (-6.315)	-0.085*** (-6.513)	-0.086*** (-6.622)
观测值 *N*	4 239	4 239	4 239	4 239	4 239
$Adj-R^2$	0.115	0.115	0.114	0.12	0.123
F 值	79.66	79.228	78.808	83.431	60.518
Sig.	0.000	0.000	0.000	0.000	0.000

注：括号中的数字为 *t* 检验值。*、**、***分别表示显著性水平为10%、5%、1%

从表3－6可发现，赫芬因德指数 *HHI* 与现金持有量显著负相关。根据前文的分析，行业内的企业数目一定时，*HHI* 指数越小，行业内同等规模的企业越多，企业的竞争强度越大。因此，公司现金持有量与由赫芬因德指数所衡量的市场竞争强度呈正相关关系。行业四大公司集中率 *TOP*－4 指标与公司现金持有量正相关，而且在10%的水平上显著。衡量公司产品独特性或专用性的指标 *UNIQ* 与公司现金持有量在1%的水平上显著正相关，说明公司产品的专用性越高，清算中给公司利益相关者带来的成本越高，公司持有的现金相应地也就越高。自然边界 *NH* 指标与公司现金持有量没有显著的相关性。当四个解释变量同时进入模型时，*HHI*、*TOP*－4 和 *UNIQ* 的方向未变，且均在1%的水平上显著。综上所述，可以看出我们的检验结果基本为行业之间的现金持有量存在差异，产品的市场竞争和独特性程度与公司现金持有量正相关的假设提供了经验证据。

与此同时，我们也得到了控制变量的相关数据。现金量 *CF*、成长机会 *M/B* 与现金持有量在所有模型中显著正相关，与预计相吻合。公司规模与现金持有量正相关，但不具有显著性，净营运资本与现金持有量显著正相关。资产负债率与现金持有量显著负相关，说明财务杠杆比率反映了企业举债的能力，财务杠杆越高，企业的举债能力越强，企业持有现金量就越低。资本性支出与现金持有量显著负相关，支持了优序融资理论认为资本支出多的公司由于资源少，积累的现金也就少的观点。

3.3.3 稳定性检验

静态权衡理论认为，企业可能同时选择财务杠杆、现金持有与投资政策的决策，公司的现金持有量与财务杠杆和投资政策会存在内生性问题，这样，会使我们前面的回归结果发生偏差。我们借鉴 Opler et al.（1999）的做法，在模型中删除了财务杠杆和资本性支出变量重新进行回归，回归结果基本与表3－6的结果相一致。另外，我们还考虑了公司短暂性的现金持有对结果的影响。公司可能存在短暂性现金持有的情况，比如，公司可能为了满足下一期的支出需求而在本期持有较多的现金，公司增加或减少持有现金可能是其现金持有量显著偏离了目标持有量。为了考虑短暂性现金持有对结果的影响，我们借鉴 Opler et al.（1999）、Kalcheva 和 Lins（2007）的做法，在模型中加入下期现金持有量的变动作为一个解释变量重新进行回归，回归结果仍与表3－6的结果基本一致。

3.4 本章结论

公司持有现金的影响因素是近几年来国外学术界研究的一个重要课题，国内学者在借鉴国外理论观点的基础上也开始关注我国上市公司现金持有量的影响因素，但是，国内现有的文献几乎未涉及实证研究行业特征与产品市场竞争对公司现金持有量的影响。本章以2001—2006年我国A股上市公司的经验数据为样本，对我国行业特征与产品市场竞争对公司现金持有量的影响进行了检验。通过描述统计与回归检验发现，我国上市公司持有的现金在行业之间存在明显差异，产品市场竞争激烈的公司持有现金更多，产品的市场竞争和独特性程度与公司现金持有量正相关，说明产品市场竞争激烈与产品独特性强的公司通过持有更多的现金以保护其在产品市场中的竞争优势，避免经营风险。本章研究结论的政策意义在于，分析上市公司现金持有量的决策因素时要充分考虑行业特征与产品市场的竞争程度，衡量公司持有现金的价值时应该考虑持有的现金是否有利于公司取得竞争优势。

第4章 融资约束、持有现金与公司投资的实证研究

如果资本市场是完美的，那么企业的投资决策不受其融资方式的影响（Modigliani & Miller，1958），然而，完美的资本市场很难实现，加上公司中代理成本的存在，企业的外部融资成本将会大于内部融资的成本（Myers & Majluf，1984）。当严重的信息不对称与代理问题阻碍企业取得外部融资，而内部融资又有限时，企业不得不放弃一些有价值的投资机会而发生融资约束，这时企业的内部资金对企业的投资非常重要。企业持有现金可以避免高昂的外部融资成本，从而可以增强企业抵御外部融资约束的能力（Arslan et al.，2006），企业持有现金的这种对冲（hedging）效应可以降低投资—现金流敏感性。因此，与非融资约束型公司相比，融资约束型公司更需要持有较多的现金以降低未来内部资金不足而导致的投资不足风险。

国内一些学者结合我国特定的制度环境对我国上市公司的投资—现金流敏感性问题进行了研

究。冯巍（1999）发现现金流对每股分红低于0.05元的公司、非国家重点公司和没有实行主办银行制度的公司的投资水平存在显著性影响，即存在融资约束。何金耿和丁加华（2001）对此提出了质疑，他们基于Vogt（1994）模型的动因检验表明，我国上市公司现金流与投资之间的正向关系是由于管理机会主义而不是融资约束引起的。连玉君和程建（2007）发现融资约束程度轻的公司反而表现出更强的投资—现金流敏感性，动因检验表明：融资约束程度轻的公司倾向于过度投资，代理问题是导致现金流敏感性的主要原因；而融资约束较为严重的公司则表现为投资不足，信息不对称是导致现金流敏感性的主要原因。国内学者已关注上市公司的融资约束问题，但现有文献还未结合公司持有现金来研究投资与现金流的敏感性，也未对我国上市公司持有现金是否对融资约束型公司起到对冲作用进行检验。本章的目的在于，从我国各地区市场化进程和公司最终控制人性质的制度背景出发，在研究我国上市公司投资—现金流敏感性的基础上，进一步检验上市公司持有现金所起的对冲效应。

4.1　文献回顾

在资本市场完美的假设下，公司的各种融资方式可以完全替代，投资行为与融资方式无关。然而，Myers和Majluf（1984）认为，资本市场中的信息不对称将导致部分公司面临融资约束，从而致使投资支出对现金流的变动非常敏感。这一理论预期得到了自Fazzari et al.（1988）以来的一系列实证研究的支持，通常的做法是，按照某些先验指标（如公司规模、股利支付率等）把样本公司划分为融资约束型公司和非融资约束型公司，并将前者表现出的更为强烈的投资—现金流敏感性视为存在融资约束的证据。Fazzari et al.（1988）以股利支付率作为衡量融资约束的变量，开创性地提出融资约束严重的企业更依赖于内部现金进行投资的观点。此后，大量文献运用不同的融资约束变量实证研究发现，投资—现金流敏感性在融资约束型企业中更高（Calomiris et al.，1995；Hoshi et al.，1991；Houston & James，2001）。然而，Kaplan 和 Zingales（1997）运用 Fazzari et al.（1988）的低股利支付子样本研究得出了相反的结论，他们发现，在低股利支付样本中，融资约束最低的公司的投资—现金流敏感性更高。Cleary（1999）以 Altman Z 值判断公司的融资约束程度，研究发现，非融资约束型公司的投资—现金流敏感性更高。Kadapakkam et al.（1998）以企业规模为反映融资约束的变量、以 OECD 六国的公司为样本的实证研究发现，大规模企业的投资—现金流敏感性大于小规模企业，进一步支持了 Kaplan 和 Zingales（1997）的观点。Moyen（2004）通过建立公司是否取得外部融资的非融资约束与融资约束两个模型对 Fazzari et al.（1988）与 Kaplan 和 Zingales（1997）的观点进行了验证，当用低股利政策衡量融资约束时，低股利政策公司的投资—现金流敏感性更高，支持了 Fazzari et al.（1988）的观点；而用 Cleary（1999）的 Z 指数衡量融资约束时，融资约束型公司的投资现金流敏感性更低，又与 Kaplan 和 Zingales 的结论一致。Allayannis 和 Mozumdar（2004）认为 Kaplan 和 Zingales（1997）、Cleary（1999）的研究结论主要受现金流为负的财务困境公司的影响，另外，Kaplan 和 Zingales（1997）较少的样本观测值对结果也有影响，Allayannis 和 Mozumdar（2004）在剔除了现金流为负的样本后，研究发现融资约束程度高的公司的投资—现金流敏感性更高，总体结论与 Fazzari et al.（1988）等的观点相一致。

当公司存在融资约束时，就会通过持有更多的现金来增强抵御外部融资约束的能力。Miller 和 Orr（1966）讨论了流动性不足导致的非效率投资，Vogel 和 Maddala（1967）运用外部融资的交易成本解释了公司持有现金的动机。Kim et al.（1998）、Opler et al.（1999）运用权衡模型分析了企业的最优现金持有量水平。

Kim et al.（1998）以美国制造企业为样本研究发现，外部融资成本较高，盈余波动大以及资产回报低的公司持有较高的现金。Opler et al.（1999）以美国上市公司为样本研究发现，企业存在最优的现金持有余额，成长机会和现金流量的变动性与企业的现金持有量正相关，企业规模和信用等级与现金持有量负相关。Pinkowitz 和 Williamson（2001）实证研究了来自美国、德国和日本企业的现金持有量，得出与 Opler et al.（1999）相似的结论。Mikkelson 和 Partch（2003）的研究发现，企业持有高额现金是为了支持企业成长，减少企业外部融资的成本，企业持续的高额现金持有政策并没有导致较低的业绩，也没有反映出经营者与股东利益的冲突。Froot et al.（1993）认为风险管理因能减少企业对外部融资的依赖而可降低企业的投资不足。Haushalter（2000）的研究发现，当企业面临严重的融资约束或具有较高的成长机会时，企业更可能广泛应用衍生金融工具和套期保值。Acharya et al.（2007）为持有现金可作为一种风险管理的工具提供了证据，持有较高现金具有衍生金融工具在风险管理中的相同功效，持有现金可以作为衍生金融工具的替代方式，公司持有现金通过对冲现金流的不足而使公司实施获利性的投资机会。Almeida et al.（2004）以美国制造企业为样本，将样本分为融资约束型公司与非融资约束型公司，分析了现金持有量对现金流量的敏感性差异以及企业的财务状况对它的影响程度。他们的研究发现，与非融资约束型公司相比，融资约束型公司从实现的现金流入量中储备的现金更多，而且融资约束型公司在经济萧条时储备更多的现金。Arslan et al.（2006）以现金持有量作为融资约束与非融资约束的分组变量研究发现，融资约束型公司的投资—现金流敏感性更高，而且，公司持有较高现金因增强了公司实施获利性投资项目的能力而起到了有价值的对冲效应，尤其是在企业周期的萧条阶段，这种对冲效应更显著。

4.2 理论分析与研究假设

发达的金融制度和市场对企业以较低的成本取得投资所需的资金至关重要，金融市场的发展与投资—现金流敏感性负相关，金融市场发达的国家，企业对内部资金的依赖程度较轻。Islam和Mozumdar（2007）以来自31个国家的公司为样本实证研究发现，金融市场的发展与内部资金的重要性负相关，在金融市场不发达国家，公司的投资—现金流敏感性更强。Ağca和Mozumdar（2008）研究资本市场的不完善性对投资—现金流敏感性的影响发现，投资—现金流敏感性随着提高资本市场完善性因素的增加而降低，La Porta et al.（1997，1998）的研究发现，股东保护程度较低的国家，其金融、证券市场的发展还不成熟，企业的外部融资机会有限，企业的融资约束也就会发生。我国的资本市场是一个处于转型时期的新兴市场，市场化进程已经取得了举世公认的成功，但是，我国的市场化进程在地区间不平衡。樊纲和王小鲁（2007）从政府与市场的关系、非国有经济的发展、产品市场的发育、要素市场的发育、市场中介组织发育和法律制度环境五个方面对我国各个省级行政区域的市场化程度进行比较分析，指出由于资源禀赋、地理位置以及国家政策的不同，各地区的市场化程度存在较大的差异。企业融资约束是与一国（或地区）的市场化进程显著相关的，发达的市场化进程不仅能为企业提供充足的外部资金，而且能通过减少信息不对称使企业更容易获得外部融资。与市场化进程程度高的地区相比，市场化进程程度低的地区的公司，其融资机会较少或外部融资成本较高，因而遭受的融资约束较重。此外，我国的证券市场脱胎于转轨经济，上市公司大部分由国有企业改制而来，国有股权在上市公司中占据很大比例。政府的动机与上市公司的国有产权性质将对上市公司的融资行为产生重要影响①。我国的资本市场作为一种政策性市场的特征仍然较强，国有企业投资受到政府的非市场性融资安排，银行债务约束软弱，而非国有控股公司融资则面临着所有制歧视，外部融资条件更苛刻。孙铮等人（2006）通过实证检验所有权性质对会计信息债务契约有用性的影响发现，公有企业的会计信息在债务契约中的作用要低于私有企业，公有企业较低的会计信息债务契约有用性主要源于政府仍然在许多资源配置中倾向于国有企业，从而为国有企业的贷款提供了一种隐性担保。江伟和李斌（2006）研究发现，相对于民营上市公司，国有上市公司能获得更多的长期债务融资，在政府干预程度比较低的地区及金融发展水平比较高的地区，国有银行对不同性质公司的差别贷款行为有所减弱。Allen et al.（2005）研究发现，我国银行信贷占GDP的比重为1.11，高于其他法系国家的平均数0.73，然而，如果只考虑发放给私营部门的银行信贷，银行信贷占GDP的比重降为0.24，说明我国银行信贷大部分发放给国有企业与国有上市公司。所以，与非国有控股上市公司相比，国有控股上市公司的融资能力较强，遭受的融资约束较轻。

由于信息不对称与代理问题的存在，完美的资本市场很难实现，公司外部融资成本必定高于内部融资成本，公司的现金持有就会影响公司的投资行为。当公司的内部资金有限而外部融资成本又较高时，公司不得不放弃一些获利性的投资项目而发生融资

---

① Demirguc－Kunt和Maksimovic（1999）以19个发达国家和11个发展中国家为样本研究发现，政府对企业的补贴或救助程度与债务期限结构正相关，为政府对企业的隐性担保能使企业取得更长的债务提供了证据。Frydman et al.（1999）针对捷克、匈牙利和波兰的研究表明，银行对具有政府背景的企业往往存在软约束，而且软约束不仅体现在事前的签约，还表现在事中的监督与控制以及事后的契约执行。有文献发现，具有良好政治关系（political connection）的企业更容易或以更低的利率获得银行（特别是国有银行）贷款，同时在陷入困境时也更容易得到国家的财政补贴（Laporta et al.，2002；Khwaja & Mian，2005；Sapienza，2004；Serdar Dinc，2005；Faccio、McConnell & Masulis，2006）。

约束。融资约束型公司的投资支出与现金流的敏感性同非融资约束公司相比会更高，公司持有较多现金因能使企业在现金流不足时避免或减少投资不足的发生而具有对冲效应，公司持有现金对融资约束与投资—现金流敏感之间的相关性产生显著影响，投资—现金流敏感性随公司现金持有量的增加而降低。与非融资约束型公司相比，公司持有现金的这种对冲效应对融资约束型公司的价值更大，因为不易取得外部融资的融资约束型公司更可能主要依赖积累的现金持有余额为投资项目融资；相反，支付股利或隶属于集团公司的非融资约束型公司，公司持有现金的对冲效应价值较低（Fazzari et al.，1988）。因此，持有现金不足的融资约束型公司，投资支出对其现金流变化的敏感性更显著；而持有现金充足的公司，其融资约束对投资影响的显著性降低或不显著。

根据以上分析，本章提出如下两个假设：

假设1：公司所在的地区市场化进程越低，公司的投资—现金流敏感性越显著；与国有控股公司相比，非国有控股公司的投资—现金流敏感性更显著。

假设2：公司持有现金对现金流的波动具有对冲效应，公司所在的地区市场化进程越低，公司持有现金的对冲效应越显著；与国有控股公司相比，非国有控股公司持有现金的对冲效应更显著。

4.3 研究设计

4.3.1 样本选择与数据来源

本章的研究样本为2000—2006年在沪深证券交易所上市的公司。在样本选取的过程中，剔除了以下公司：①金融类公司。②ST、PT公司。③同时发行B股或H股的公司。④所需数据不完备的公司。最后得到 6 620 个样本观测值，各年度样本数分布如表 4－1 所示。使用的市场化指数建立在樊纲、王小鲁等（2007）编制的各地区市场化进程及其子数据的基础上，其他各项数据均来源于北京大学中国经济研究中心开发的色诺芬数据库和香港理工大学与深圳市国泰君安信息技术有限公司联合开发的“中国上市公司财务数据库”。

表 4－1　各年度样本数分布

年度	2000	2001	2002	2003	2004	2005	2006	合计
样本数	759	874	916	954	990	1 072	1 055	6 620

4.3.2　模型设计与变量定义

1. 投资模型与融资约束变量设计

影响企业投资的因素是多方面的。Q 模型认为，公司的市场价值决定了其资本的支出，*Tobin_Q* 与投资呈正相关关系。加速模型（accelerator model）认为，企业的产出是决定投资水平的关键因素。因此，我们在模型中分别引入期初的 *Tobin_Q*、主营业务收入增加值作为控制变量。基于前面的分析，由于资本市场不完美，企业内部产生的可支配现金流会影响投资支出。Fazzari 和 Petersen（1993）认为，公司营运资本投资与资本性投资进行对资金竞争的同时，可能在公司不景气时平滑（smoothing）资本性投资，回归模型中不考虑营运资本的影响就会低估公司融资约束的显著性。为了避免营运资本受到公司应计项目操纵而对检验结果的影响，我们借鉴 Shin 和 Kim（2002）的做法，以现金持有量的变动替代营运资本加入回归模型，以 ΔCS 表示；现金持有量变动的系数在投资回归中预期为负。因此，本章设置的投资检验模型如下：

$$\frac{I_{i,t}}{K_{i,t-1}}=\beta_0+\beta_1 Q_{i,t-1}+\beta_2\frac{S_{i,t}}{K_{i,t-1}}+\beta_3\frac{CF_{i,t-1}}{K_{i,t-1}}+\beta_4\frac{\Delta CS_{i,t}}{K_{i,t-1}}+\varepsilon_{i,t}$$

其中，β_0 表示截距项，β_1，β_2，β_3，β_4 表示估计参数，$I_{i,t}$表示样本 i 企业在 t 时期的资本性投资，研究中定义为固定资产（具体指资产负债表中固定资产原价、工程物资及在建工程三项之和）的增加值，$K_{i,t-1}$为样本 i 企业在 t 期初固定资产净额，$CF_{i,t-1}$为样本 i 企业在 t 期初经营活动产生的现金流量净额，$S_{i,t}$为样本 i 企业在 t 期主营业务收入增加值，$Q_{i,t-1}$为样本 i 企业在 t 期初 $Tobin\_Q$ 值，$\varepsilon_{i,t}$表示误差项。I/K、CF/K、S/K 及 $\Delta CS/K$ 是为了控制企业规模的差异所带来的异质性影响。

我们用公司权益市场价值与负债面值之和除以公司总资产账面价值来衡量 $Tobin\_Q$ 值。考虑到我国上市公司中大量非流通股的存在，公司权益市场价值用年末收盘价乘以流通股数量加上每股净资产乘以同年非流通股数量来计算。因此，$Tobin\_Q$ 值的数学表达式为：

$$Q=\frac{\text{流通股股数}\times\text{年末收盘价}+\text{非流通股数}\times\text{每股净资产}+\text{负债账面价值}}{\text{总资产账面价值}}$$

我们以公司所在地区的市场化进程指数与公司最终控制人作为划分融资约束的指标，将样本公司分为融资约束样本与非融资约束样本两组子样本。将上市公司所在地区市场化指数大于样本中位数的公司划分为非融资约束子样本，小于样本中位数的划分为融资约束子样本；国有控股公司为非融资约束型公司子样本，非国有控股公司为融资约束型公司子样本。分别用融资约束子样本与非融资约束子样本对投资模型进行回归，比较两组子样本的投资—现金流敏感性的显著性。如果投资与现金流显著正相关，意味着公司主要依靠内部资金为投资项目融资，公司存在融资约束；相反，投资—现金流敏感性不显著，说明公司不存在融资约束。

2. 现金持有模型与变量设计

为了检验公司持有现金对未来现金流波动所起的对冲效应，首先将样本分为持有现金充足公司与持有现金不足公司，然后根据前面的投资模型对公司持有现金的对冲效应进行检验。公司一般根据自身的特征决定最优现金持有量（Kim et al.，1998；Opler et al.，1999）。我们借鉴 Opler et al.（1999）的模型回归估计公司的正常现金持有量，当公司的实际现金持有量大于估计的正常持有量时为现金持有充足公司，反之，为现金持有不足公司。我们根据 Opler et al.（1999）的做法构建的现金持有量影响因素模型如下：

$$\mathrm{Ln}\left(Cash_{i,t}/NA_{i,t}\right) = a_0 + a_1\mathrm{Ln}\left(NA_{i,t}\right) + a_2\left(FCF_{i,t}/NA_{i,t}\right) + a_3\left(Nwc_{i,t}/NA_{i,t}\right) + a_4\left(M_{i,t}/B_{i,t}\right) + a_5\left(Capex_{i,t}/NA_{i,t}\right) + a_6 Lev_{i,t} + a_7 Bankdebt_{i,t} + a_8 Dividend_{i,t} + \sum YearDummies + \varepsilon_{i,t}$$

其中，*Cash* 为现金持有量，以现金与短期投资之和表示，并经过行业中位数调整。*NA* 为净资产，以总资产减去现金持有量的余额表示。*FCF* 是净现金流，以“息税前盈余－利息费用－所得税＋折旧＋摊销”计算。*Nwc* 为净营运资本，以营运资本扣除现金及现金等价物的余额表示。*M/B* 为成长性，以“公司资产市值/资产账面价值”计算。*Capex* 为资本性支出，以购建固定资产、无形资产以及其他长期资产所支付的现金表示。*Lev* 为财务杠杆，以“负债总数/资产总数”表示。*Bankdebt* 为银行性债务，以长期借款与短期借款之和除以总负债表示。*Dividend* 为股利支付哑变量，公司支付股利取 1，否则取 0。*YearDummies* 为年份哑变量，本章涉及 7 年的上市公司数据，因此共有 6 个年度哑变量。

4.4 实证检验结果

4.4.1 描述性统计

表4-2是各变量均值的描述性统计。从表4-2可看出，全部样本的I/K均值为0.473，非国有公司大于国有公司，市场化指数较高的地区大于市场化指数较低的地区，说明非国有公司与所在地区市场化进程高的公司的平均投资支出更为积极。非国有公司的Q均值也大于国有公司，表明非国有公司的平均投资机会较多，市场化指数高和低的公司的Q值几乎无明显差异。国有公司与所在地区市场化指数高的公司的S/K明显分别大于非国有公司与所在地区市场化指数低的公司，但它们实现的经营净现金流FCF/K分别小于非国有公司与所在地区市场化指数低的公司，说明国有公司与所在地区市场化指数高的公司的收益质量较低。国有公司的现金持有量$Cash/NA$为0.254，小于非国有公司的0.287，可能的原因是非国有公司存在融资约束，需要储备较多的现金。所在地区市场化指数高的公司的现金持有量为0.285，大于所在地区市场化指数低的公司的0.241。从融资约束的角度分析，所在地区市场化指数低的公司因融资约束会持有更多的现金，但统计的结果反而较低，可能的原因是，我国上市公司大股东与中小股东存在着严重的代理冲突。大股东往往具有通过转移上市公司现金侵害中小股东利益的动机；上市公司所在地区的市场化进程越低，政府的干预越强，法治水平越低，大股东转移现金追求自身利益的动机越强，公司持有现金的平均余额也就越少。

表4-2　变量均值的描述性统计

变量	总样本	子样本			
		国有公司	非国有公司	高市场化指数	低市场化指数
I/K	0.473	0.453	0.519	0.526	0.416
CF/K	0.057	-0.067	0.341	-0.017	0.135
Q	1.484	1.460	1.538	1.482	1.485
S/K	1.141	1.257	0.874	1.798	0.440
Δ*CS/K*	0.128	0.175	0.018	0.239	0.008
Cash/NA	0.264	0.254	0.287	0.285	0.241
ln *NA*	20.845	20.934	20.640	20.928	20.755
FCF/NA	0.075	0.078	0.070	0.080	0.070
NWCt/NA	-0.028	-0.027	-0.028	-0.037	-0.018
M/B	1.484	1.460	1.538	1.482	1.485
Capex/NA	0.085	0.083	0.090	0.082	0.090
Lev	0.442	0.436	0.456	0.449	0.434
Bankdebt	0.465	0.458	0.481	0.452	0.480
Dividend	0.500	0.520	0.450	0.520	0.480
N 样本数	6 620	4 617	2 003	3 419	3 201

4.4.2　回归检验

1. 公司投资—现金流敏感性检验

表4-3是公司投资—现金流敏感性的检验结果。从表4-3发现，以全部样本回归时，投资与现金流之间正相关但不具有显著性。当以市场化进程指数和最终控制人性质两个指标将样本分为融资约束型公司与非融资约束型公司分别进行回归时，投资与现金流在融资约束型公司中显著正相关，而在非融资约束型公司中不存在显著的正相关性。检验结果表明，我国所在地区市场化进程低的上市公司与非国有控股上市公司存在融资约束，假设1

得到了检验结果的支持。

表 4－3　投资—现金流敏感性的检验结果

变量	全部样本	市场化指数分组		最终控制人性质分组	
		融资约束	非融资约束	融资约束	非融资约束
Constant	0.192	0.171*	0.238	0.382*	0.051
	(1.530)	(1.675)	(1.098)	(1.707)	(0.343)
CF/K	0.006	0.189***	0.000 037	0.108**	-0.003
	(1.466)	(12.391)	(0.007)	(16.209)	(0.479)
Q	0.213***	0.148***	0.243**	0.056	0.279***
	(3.591)	(2.899)	(2.490)	(0.639)	(3.640)
S/K	0.014***	0.012***	0.014***	0.166***	0.008***
	(11.296)	(3.216)	(8.589)	(27.984)	(6.412)
Δ *CS/K*	0.011**	0.049***	0.004	-0.005	0.012**
	(2.333)	(5.987)	(0.567)	(0.59)	(2.372)
Year	控制	控制	控制	控制	控制
观测值	6 620	3 201	3 419	2 003	4 617
$Adj-R^2$	0.025	0.065	0.028	0.281	0.019
D-W	1.981	1.941	2.012	1.977	1.984
F 值	18.32	23.351	10.701	79.135	10.076
Sig. F	0.000	0.000	0.000	0.000	0.000

注：括号内是 *t* 检验值。*、**、***分别表示10%、5%、1%的显著性水平

2. 公司持有现金对冲效应的检验

为了检验公司持有现金的对冲效应，我们根据现金持有模型将现金实际持有量大于预计的正常持有量的公司作为现金持有充足公司，现金实际持有量小于预计的正常持有量的公司作为现金持有不足公司，后者更容易受现金流波动的影响。然后，比较现

金持有充足公司与现金持有不足公司融资约束对投资的影响。从表 4－4 可发现，现金持有不足公司整体回归的现金流系数显著为正，按市场化指数与最终控制人性质分组的融资约束型公司与非融资约束型公司的现金流也显著为正，但融资约束型公司的系数显著大于非融资约束型公司。然而，现金持有充足公司整体回归的现金流与投资正相关，但不具有显著性，按市场化指数与最终控制人性质分组的非融资约束型公司的现金流也不具有显著的正相关，虽然融资约束型公司的投资与现金流显著正相关，但其系数明显小于现金持有不足的融资约束型公司。总之，表 4－4 的检验结果表明，与现金持有充足的公司相比，现金持有不足的融资约束公司，投资支出对其现金流变化的敏感性更显著；持有现金充足的公司对实施投资机会具有更大的财务弹性，持有现金对未来内部资金的波动具有对冲效应。假设 2 得到了检验结果的支持。

表 4－4　持有现金对冲效应的检验结果

	变量	全部样本	市场化指数分组		最终控制人性质分组	
			融资约束	非融资约束	融资约束	非融资约束
现金持有不足公司	*Constant*	0.221**	0.196**	0.269	0.331	0.195**
		(2.200)	(2.203)	(1.542)	(1.432)	(2.099)
	CF/K	0.077***	0.687***	0.066***	0.277***	0.033***
		(10.151)	(26.069)	(6.789)	(17.275)	(3.829)
	Q	0.017	0.010	0.031	0.017	0.024
		(0.348)	(0.228)	(0.390)	(0.175)	(0.514)
	S/K	0.238***	0.184***	0.237***	0.318***	0.202***
		(72.306)	(7.282)	(58.378)	(51.207)	(53.848)
	Δ*CS/K*	0.084***	－0.136***	0.077***	－0.015	0.068***
		(4.821)	(－4.128)	(3.398)	(－0.433)	(3.265)

(续上表)

	变量	全部样本	市场化指数分组		最终控制人性质分组	
			融资约束	非融资约束	融资约束	非融资约束
现金持有不足公司	*Year*	控制	控制	控制	控制	控制
	观测值	2 960	1 524	1 436	885	2 075
	$Adj-R^2$	0.691	0.338	0.754	0.765	0.704
	$D-W$	1.930	2.036	2.019	1.924	2.002
	F 值	662.906	78.594	440.326	289.568	494.904
	Sig. F	0.000	0.000	0.000	0.000	0.000
现金持有充足公司	*Constant*	0.128 (0.724)	0.118 (0.693)	0.148 (0.522)	0.541* (1.840)	−0.113 (−0.485)
	CF/K	0.001 (0.122)	0.115*** (5.870)	−0.004 (−0.803)	0.032*** (4.212)	−0.004 (−0.587)
	Q	0.316*** (3.847)	0.269*** (3.217)	0.338*** (2.677)	0.121 (1.110)	0.444*** (3.668)
	S/K	0.005*** (3.564)	0.008* (1.677)	0.005*** (2.806)	0.048*** (5.976)	0.003** (2.457)
	$\Delta CS/K$	0.004 (0.830)	0.061*** (6.027)	−0.004 (−0.559)	−0.007 (−0.704)	0.005 (0.866)
	Year	控制	控制	控制	控制	控制
	观测值	3 660	1 677	1 983	1 118	2 542
	$Adj-R^2$	0.007	0.051	0.005	0.032	0.009
	$D-W$	2.013	1.935	2.046	2.042	2.011
	F 值	3.577	10.068	2.054	4.651	3.264
	Sig. F	0.000	0.000	0.025	0.000	0.000

注：括号内是 *t* 检验值。*、**、***分别表示 10%、5%、1% 的显著性水平

3. 稳定性检验

我们根据公司持有的现金是否大于样本的中位数把公司分为现金持有充足公司与现金持有不足公司进行持有现金对冲效应的稳定性检验，检验结果如表 4－5 所示。从表 4－5 可发现，现金持有不足公司整体回归的投资—现金流敏感性显著正相关，而现金持有充足公司整体回归的投资与现金流没有显著的相关性；与现金持有充足公司相比，现金持有不足公司中的融资约束型公司的投资—现金流敏感性更显著。此外，我们将公司持有现金同时小于运用现金持有模型预计的正常持有量和样本中位数的公司作为现金持有不足公司，公司持有现金同时大于运用现金持有模型预计的正常持有量和样本中位数的公司作为现金持有充足公司，对公司持有现金的对冲效应进一步进行稳定性检验，检验结果如表 4－6 所示。检验结果与前面的结果基本一致，说明公司持有现金对现金流波动的对冲效应具有稳定性。

表 4－5　持有现金对冲效应的稳定性检验（一）

	变量	全部样本	市场化指数分组		最终控制人性质分组	
			融资约束	非融资约束	融资约束	非融资约束
现金持有不足公司	*Constant*	0.115 (0.932)	0.258** (2.452)	−0.042 (−0.191)	0.268 (0.831)	0.086 (0.778)
	CF/K	0.044*** (10.173)	0.373*** (17.729)	0.039*** (6.914)	0.045*** (4.596)	0.037*** (9.021)
	Q	0.100 (1.640)	−0.007 (−0.132)	0.164 (1.577)	0.189 (1.400)	0.069 (1.148)
	S/K	0.197*** (51.091)	0.199*** (12.852)	0.198*** (39.260)	0.229*** (28.352)	0.179*** (46.933)
	Δ *CS/K*	−0.032*** (−3.191)	0.098*** (6.715)	−0.038*** (−2.684)	−0.271*** (−9.402)	0.039*** (4.637)
	Year	控制	控制	控制	控制	控制

（续上表）

	变量	全部样本	市场化指数分组		最终控制人性质分组	
			融资约束	非融资约束	融资约束	非融资约束
现金持有不足公司	观测值	3 309	1 694	1 615	956	2 353
	$Adj-R^2$	0.462	0.190	0.514	0.456	0.543
	$D-W$	2.011	1.988	2.024	2.054	1.985
	F 值	284.89	40.696	171.885	81.083	280.160
	$Sig.\ F$	0.000	0.000	0.000	0.000	0.000
现金持有充足公司	$Constant$	0.317 (1.631)	0.067 (0.366)	0.508 (1.621)	0.587** (2.096)	0.105 (0.403)
	CF/K	0.002 (0.416)	0.114*** (4.311)	−0.004 (−0.608)	0.011*** (10.193)	−0.004 (−0.467)
	Q	0.263*** (3.040)	0.288*** (3.330)	0.245* (1.844)	0.001 (0.011)	0.377*** (2.962)
	S/K	0.005*** (3.422)	0.003 (0.754)	0.004*** (2.644)	0.116*** (12.303)	0.003** (2.241)
	$\Delta CS/K$	0.007 (1.240)	0.058*** (4.686)	−0.002 (−0.280)	0.028*** (3.169)	0.002 (0.281)
	$Year$	控制	控制	控制	控制	控制
	观测值	3 311	1 507	1 804	1 047	2 264
	$Adj-R^2$	0.007	0.052	0.004	0.135	0.006
	$D-W$	2.030	1.931	2.048	2.040	2.031
	F 值	3.282	9.215	1.789	17.315	2.281
	$Sig.\ F$	0.000	0.000	0.058	0.000	0.012

注：括号内是 t 检验值。*、**、***分别表示10%、5%、1%的显著性水平

表 4－6　持有现金对冲效应的稳定性检验（二）

	变量	全部样本	市场化指数分组		最终控制人性质分组	
			融资约束	非融资约束	融资约束	非融资约束
现金持有不足公司	Constant	0.190* (1.678)	0.206** (2.114)	0.177 (0.883)	0.290 (1.154)	0.168 (1.601)
	CF/K	0.066*** (7.833)	0.708*** (25.054)	0.051*** (4.718)	0.277*** (16.120)	0.026*** (2.819)
	Q	0.020 (0.357)	0.004 (0.088)	0.045 (0.471)	0.076 (0.708)	0.003 (0.057)
	S/K	0.241*** (68.500)	0.199*** (7.010)	0.240*** (55.138)	0.326*** (49.905)	0.204*** (50.963)
	Δ CS/K	0.052*** (2.645)	−0.140*** (−3.798)	0.036 (1.382)	−0.080** (−2.043)	0.051** (2.232)
	Year	控制	控制	控制	控制	控制
	观测值	2 489	1 306	1 183	749	1 740
	$Adj-R^2$	0.703	0.352	0.766	0.783	0.729
	D－W	1.987	2.034	1.996	2.022	1.988
	F 值	589.655	72.000	388.369	271.379	447.698
	Sig. F	0.000	0.000	0.000	0.000	0.000
现金持有充足公司	Constant	0.233 (1.063)	0.053 (0.260)	0.378 (1.071)	0.620** (2.035)	−0.073 (−0.243)
	CF/K	0.001 (0.187)	0.113*** (3.958)	−0.006 (−0.764)	0.099*** (9.241)	−0.004 (−0.486)
	Q	0.303*** (3.067)	0.304*** (3.111)	0.300** (1.965)	0.009 (0.080)	0.464*** (3.097)
	S/K	0.004*** (3.081)	0.003 (0.643)	0.004** (2.405)	0.114*** (11.229)	0.003** (2.017)
	Δ CS/K	0.006 (0.990)	0.061*** (4.593)	−0.003 (−0.442)	0.025*** (2.705)	0.002 (0.246)

(续上表)

	变量	全部样本	市场化指数分组		最终控制人性质分组	
			融资约束	非融资约束	融资约束	非融资约束
	Year	控制	控制	控制	控制	控制
现金持有充足公司	观测值	2 840	1 289	1 551	911	1 929
	$Adj-R^2$	0.006	0.054	0.004	0.130	0.006
	$D-W$	2.036	2.034	1.996	2.045	2.040
	F 值	2.833	8.388	1.594	14.610	2.119
	Sig. F	0.002	0.000	0.103	0.000	0.020

注：括号内是 t 检验值。*、**、***分别表示10%、5%、1%的显著性水平

4.5 本章结论

公司融资约束与公司持有现金的动因是我国学者最近关注的热点问题，但是现有文献很少将公司融资约束与现金持有量结合起来在同一个框架下进行研究。本章以我国上市公司2000—2006年的经验数据为样本，从我国各地区市场化进程和公司最终控制人性质的制度背景出发，在检验我国上市公司融资约束的基础上，进一步考察了上市公司持有现金所起的对冲效应。检验结果表明：①公司所在的地区市场化进程越低，公司的投资—现金流敏感性越显著，越可能存在融资约束；与国有控股公司相比，非国有控股公司的投资—现金流敏感性更显著，存在融资约束。②公司持有现金降低了投资与现金流的敏感性，持有现金对现金流的波动起了对冲效应。本章研究结果的政策意义在于，我国应加快市场化建设的进程，进一步消除地区间市场化进程的不平衡，消除不同性质公司取得融资的差别，克服上市公司的融资约束，为上市公司融入投资所需的资金创造良好的环境条件。此

外，分析上市公司现金持有量的决策因素时，要充分考虑公司的外部融资能力与现金流的波动性，衡量公司持有现金的价值时应该考虑持有现金所起的对冲效应。

第5章 制度背景、股权性质与公司持有现金价值的实证研究

公司持有现金的价值是目前国外学者研究公司持有现金经济后果的一个主要内容与视角，然而，国内直接研究公司持有现金的市场价值以及公司现金持有量与公司价值相关性的文献还较少。我国上市公司持有现金的市场价值是否高于其账面价值？公司的股权性质对现金持有市场价值有何影响？现有研究几乎未涉及这些方面，本章试图对此进行探索。

本章以2001—2006年我国上市公司的经验数据（4 806个观测值）为样本，借鉴Fama和French（1998）经典企业价值回归模型的思想，研究我国上市公司持有现金的市场价值以及公司的股权性质对持有现金市场价值的影响。研究发现，我国上市公司持有现金的市场价值整体上低于其账面价值，国有控股公司持有现金的市场价值低于非国有控股公司。

5.1　文献回顾

国外学者在研究现金持有量影响因素的基础上，主要从信息不对称与代理人问题两个视角关注公司的现金持有价值，分别形成了公司现金持有市场价值较高观与公司现金持有价值较低观。由于信息不对称与交易成本的存在，公司从外部融资的成本较高，公司内部积累的现金因能减少公司的外部融资成本而符合股东价值最大化的理财目标（Myers & Majluf，1984），企业持有现金的价值对于股东来说超过其账面价值，高成长企业因信息不对称问题更严重或投资不足成本更高而持有现金的价值较高。Pinkowitz 和 Williamson（2005）研究公司现金持有的市场价值发现，公司的成长机会对现金持有的市场价值具有影响，而公司的融资机会对现金持有价值没产生影响。Faulkender 和 Wang（2006）结合公司的财务政策特征研究了公司持有现金的价值。研究结果表明，公司持有现金的边际价值随企业现金持有量的增多、财务杠杆的升高而降低，随公司融资约束的增加而提高。Jensen（1986）提出的自由现金流假说认为，公司持有大量现金时，管理者更可能倾向于对净现值为负的项目进行过度投资或更容易偷窃现金，这些行为是以牺牲股东利益为代价或消费更多的额外津贴来增加私人利益的。Blanchard et al.（1994）研究发现，美国 11 家收到巨额现金赔偿的企业选择保留现金或从事一些低价值的投资活动。Harford（1999）研究了企业的并购政策与现金持有量之间的关系，结果表明，现金持有量较高的企业更有可能实施并购，而且实施的并购都是有损股东财富的多元化并购。Pinkowitz、Stulz 和 Williamson（2006）以 35 个国家的公司为样本研究了公司现金持有量与公司价值的相关性，结果表明，与投资者保护较好的国家相比，投资者保护较差的国家现金持有量与公司价值的相关性很弱，现金持有的价值较低。Dittmar 和 Mahrt

-Smith（2007）从公司治理机制的视角研究了公司持有现金对公司价值的影响，研究发现，公司治理机制失效的公司持有现金的市场价值相当低，公司治理机制失效的公司因浪费大量的现金资源而降低了公司的价值。Kalcheva 和 Lins（2007）从国家的股东保护程度与公司管理者的代理人问题两个层面考察公司持有现金对公司价值的影响，他们研究发现，在国家对股东保护较弱的条件下，当拥有控制权的管理者持有较高额现金时，公司的价值较低；当拥有控制权的管理者支付股利时，公司价值较高。当国家对股东的保护较好时，职位稳固的（entrenched）管理者持有的现金与公司价值无关。他们的结论为在缺乏强有力的外部股东保护时公司管理者的代理人问题与高额现金的同时存在与公司价值负相关的观点提供了证据。

5.2 制度背景与研究假设

如果资本市场是完美的，公司是持有现金还是以股利等方式将现金分配给股东与公司价值无关，然而，完美的资本市场很难实现，加上公司中代理成本的存在，公司持有的现金不可能与公司价值无关。持有现金能使公司不需要通过外部资本市场融资而实现有价值的投资项目，因而避免了公司外部融资的交易成本与信息不对称成本。此外，公司持有现金可规避违约风险而降低公司发生财务困境的概率。Opler et al.（1999）、Dittmar et al.（2003）等研究发现，公司的成长性越高、现金流风险越大、外部融资越受约束的公司持有的现金越多，为公司持有现金价值的理论预期提供了证据。如果不考虑公司持有现金的成本，公司持有大量现金以支持公司的成长，降低外部融资成本是最优选择，然而，信息不对称与代理冲突的存在降低了公司持有现金对公司价值的贡献。公司持有现金的市场价值取决于公司持有现金带来的收益与成本的权衡，公司持有现金的收益与成本除与公司的财务特征相关外，更重要的，还受到国家特定的制度背景与公司治理有效性的影响。

我国证券市场是一个处于转轨阶段的新兴市场，投资者法律保护水平低下。La Porta et al.（1998）研究了一个国家的法律渊源与投资者保护之间的关系，这一文献的主要结论是：英美法系国家具有更好的制度环境，诸如较低的政府腐败（La Porta et al.，1999）、更有效的司法体系（Djankov et al.，2003）以及更有效的会计准则（La Porta et al.，1998），与那些大陆法系国家相比，英美法系国家对股东与债权人的法律保护更强（La Porta et al.，1998，2000）。从事实上看，虽然我国对中小投资者的法律保护经历了一个由弱到强、逐步健全的历史实践过程（沈艺峰等，2004），但是长期以来，由于缺乏严格执行的司法体系，特别是证券民事赔偿制度，中小投资者的权益依然无法通过国家层面上的治理机制得到切实有效的保护（李增泉等，2004）。Allen et al.（2005）研究发现，我国的法律制度，包括投资者保护制度、公司治理机制、会计准则以及政府的质量等，明显落后于 La Porta et al.（1998）研究样本的大多数国家，La Porta et al.（1998）研究样本的绝大多数国家对股东和债权人的保护优于我国。南开大学公司治理研究中心推出的中国公司治理评价指数 $CCGI^{NK}$（南开治理指数）从股东权益、董事会、监事会、经理层、信息披露、利益相关者六个纬度评价上市公司治理状况。评价结果指出，中国上市公司样本公司治理总指数平均值为 49.62%，属 $CCGI^{NK}$ Ⅵ。其中董事会治理的平均指数为 43.4%，在各治理要素中最低，中国上市公司总体治理水平偏低，而且公司间治理水平差异较大[①]。

因此，在我国投资者法律保护程度偏低且公司治理总体水平较低的制度背景下，我国上市公司中会存在大股东侵占中小股东、管理层损害投资者利益的双重代理问题。Myers 和 Rajan（1998）指出，与其他资产相比，现金能以更低的成本被转换为私人收益，因此，我国上市公司持有现金为控股大股东与管理层的利益转移行为提供了机会。控股股东对公司有支持与掏空两种截然不同的行为（Johnson et al.，2000）。张光荣和曾勇（2006）通过结合托普软件案例分析发现，支持与掏空是大股东为获得自身利益最大化而采取的方向不同的利益转移行为，支持的最终目的很可能还是为了掏空。在司法体系不尽完善的国家，能够控制公司的大股东不仅可以向公司委派管理人员，还可以采用关联交易的方式掏空公司（Denis & Mcconnell，2003）。余明桂和夏新平（2004）、陈晓和王琨（2005）都发现关联交易是大股东侵占中小股东利益的重要途径，而在股权集中和存在控股股东的公司中关联交易更可能发生。根据 La Porta et al.（1997，1998）的研究，股东保护较低的国家，其金融、证券市场的发展还不成熟，企业的外部融资机会有限，企业的资本约束也就会发生，企业持有现金因能使资本约束的企业实施获利性投资项目，避免投资不足而对公司价值有利。然而，在我国投资者法律保护程度偏低与公司治理低效的制度背景下，公司持有现金的代理成本很可

---

① 中国公司治理评价指数（南开治理指数 $CCGI^{NK}$）从股东权益、董事会、监事会、经理层、信息披露、利益相关者六个维度评价上市公司治理状况，其等级设置为：$CCGI^{NK}$ Ⅰ：治理指数 90% ~100%；$CCGI^{NK}$ Ⅱ：治理指数 80% ~90%；$CCGI^{NK}$ Ⅲ：治理指数 70% ~80%；$CCGI^{NK}$ Ⅳ：治理指数 60% ~70%；$CCGI^{NK}$ Ⅴ：治理指数 50% ~60%；$CCGI^{NK}$ Ⅵ：治理指数 <50%（李维安、张国萍，2005）。

能大于克服投资不足成本带来的收益[①]。

我国的证券市场脱胎于转轨经济，上市公司大部分由国有企业改制而来，政府的动机与上市公司的国有产权性质对上市公司产生重要影响。首先，国家作为大股东对公司经营进行监督的效率不如私有主体，国有企业存在“所有者缺位”问题。其次，国有企业存在目标多元化问题，除了经济利益，社会福利、政治诉求都可能成为其目标，由此造成了国有企业的政策性负担。上市公司承担政府的社会性职能必然会使公司活动偏离公司价值最大化目标，进而损害公司价值[②]。李增泉等人（2005）发现，控股股东和地方政府为了维持母公司的存续或当地政府的经济与社会发展目标，天生具有从上市公司转移资源的掏空动机。再次，政府由政治家和官员组成，裙带关系和腐败行为难以彻底避免（Shleifer & Vishny，1993）。一些政府官员可能利用手中掌握的权力，转移国有企业的财富，侵占经济利益（田利辉，2005）。最后，政府对国有上市公司的管制，会诱发机会主义行为，影响企业价值。陈冬华等（2005）发现，由于薪酬管制的存在，在职消费成为国有企业管理人员的替代性选择。因此，从整体上讲，与非国有控股公司相比，国有控股公司的代理问题更严重[③]。

公司持有现金因能缓解公司的融资约束与提高公司的流动性而可以增加持有现金的市场价值。我国的资本市场作为一种政策性市场的特征仍然较强，国有企业投资受到政府的非市场性融资

---

① 国内大量文献实证研究发现，我国上市公司普遍存在过度投资（唐雪松等，2007；李维安、姜涛，2007；潘敏、金岩，2003）。这些文献说明，我国上市公司整体上投资不足的问题不严重，因而，持有现金克服投资不足带来的价值较低。

② 曾庆生、陈信元（2006）从公司雇员角度研究了控股股东的所有制性质对上市公司社会性负担的影响，结果表明，国家控股公司比非国家控股公司雇用了更多的员工，并且国家控股公司的超额雇员主要源自上市初的历史遗留冗员；超额雇员和高工资率共同导致国家控股公司承担了比非国家控股公司更高的劳动力成本。

③ 李寿喜（2007）研究企业产权性质对代理成本的影响发现，国有产权企业的代理成本普遍高于混合产权企业，混合产权企业的代理成本又高于个人产权企业。

安排，如地方政府为解决国有上市公司的资金短缺或扶持低效益的企业，往往采取行政手段增加对它们的行政性贷款。而非国有控股公司融资则面临着所有制歧视，外部融资条件更苛刻。江伟和李斌（2006）研究发现，相对于民营上市公司，国有上市公司能获得更多的长期债务融资。此外，由于国有控股上市公司举债行为的行政性与非理性，使国有控股公司为提高公司流动性持有现金的动机较弱，持有现金的价值较低。因此，与国有控股企业相比，非国有控股企业存在融资约束，为提高流动性持有现金的动机较强，持有现金的边际价值更高。

根据以上分析，本章提出如下假设：我国上市公司持有现金的市场价值整体上低于其账面价值，相对于非国有控股上市公司来说，国有控股上市公司持有现金的市场价值可能更低。

5.3 研究设计

5.3.1 样本选择与数据来源

本章以2001—2006年所有上市公司为初选样本，因在回归分析中涉及前一年和滞后一年的数据，我们最终的样本年度为2002—2005年，并依据以下原则进行了筛选：①不考虑金融类上市公司。这是鉴于金融类公司的自身特性而一般将之剔除样本外。②剔除ST、PT公司。③剔除所需数据缺失的公司。筛选后剩余4 425个观测值，样本分布如表5－1所示。本研究使用的数据来源于国泰君安公司的CSMAR交易数据库和CCER数据库。

表5-1 样本分布

	2002	2003	2004	2005	合计
全体样本	1 037	1 062	1 112	1 214	4 425
非国有控股	265	301	359	447	1 372
国有控股	772	761	753	767	3 053

5.3.2 模型设计与变量定义

我们的回归模型主要借鉴了 Fama 和 French（1998）的经典企业价值回归模型。Pinkowitz 和 Williamson（2004）、Pinkowitz、Stulz 和 Williamson（2006）以及 Dittmar 和 Mahrt－Smith（2007）都用修正的 Fama 和 French（1998）模型估计现金持有量的市场价值。我们也用如下修正的 Fama 和 French（1998）模型检验我国上市公司现金持有量的市场价值。

$$
\begin{aligned}
Vt &= a_0 + a_1 CF_{i,t} + a_2 dCF_{i,t} + a_3 dCF_{i,t+1} + a_4 dNA_{i,t} + a_5 dNA_{i,t+1} \\
&+ a_6 I_{i,t} + a_7 dI_{i,t} + a_8 dI_{i,t+1} + a_9 D_{i,t} + a_{10} dD_{i,t} + a_{11} dD_{i,t+1} + a_{12} Capex_{i,t} \\
&+ a_{13} dCapex_{i,t} + a_{14} dCapex_{i,t+1} + a_{15} dV_{i,t+1} + a_{16} Cash_{i,t} + \varepsilon_{i,t}
\end{aligned}
$$

其中，V 为公司的市场价值。公司的市场价值为流通股市值、非流通股价值与公司负债市值之和。负债的市值以负债的账面价值代替。非流通股的价值，由于没有完全的市场化数据，并且非流通股的转让价格通常是以净资产为基准，我们首先借鉴汪辉（2003）、夏立军和方铁强（2005）等人的方法，采用非流通股份数与每股净资产之积计算。由于每股净资产的定价通常都低于市价，以每股净资产代替非流通股价格可能低估了非流通股比例较高公司的价值，因此，我们在可靠性检验中，借鉴 Bai et al.（2004）、王鹏（2008）的研究方法，非流通股价值以流通股市值的20%或30%折价计算公司的市场价值。为了估计持有现金的市场价值，控制公司的获利能力、投资、融资等其他影响公司价值的变量非常重要。其中 *CF* 为公司年度经营活动现金流净额。*NA* 为非现金资产，以公司年末总资产减去现金与短期投资的余额表示。*I* 为公司当年发生的利息费用，以财务费用表示。*D* 为公司支付的现金股利。*Capex* 为公司的资本性支出。

资本性支出 = 经营性租赁支付的现金 + 购建固定资产、无形资产以及其他长期资产所支付的现金 - 处置固定资产、无形资产以及其他长期资产收回的现金净额。

Cash 为公司期末的现金持有量，以公司年末现金与短期投资之和表示。X_t 是变量 X 在第 t 年的水平，dX_t 是变量 X 从第 $t-1$ 年到第 t 年的变化量：$X_t - X_{t-1}$。dX_{t+1} 是变量 X 从第 t 年到第 $t+1$ 年变化量：$X_{t+1} - X_t$。与 Pinkowitz 和 Williamson（2004）等学者的模型的差异在于，由于我国研发费用数据取得的限制，我们以资本性支出代替研发费用，控制公司的投资机会对企业价值的影响。此外，经营活动现金因能避免盈余管理的影响而更好地反映公司的获利能力与面临的融资约束，我们以经营活动现金流净额代替主营业务利润。为了控制异方差性，所有变量除以总资产，这样，现金持有量的系数反映的是公司价值对每增加 1 元现金持有量的敏感性，也就是每元现金持有量的市场价值。

5.4 实证检验结果

5.4.1 描述性统计

表5-2是主要变量的描述性统计。从表5-2可发现，全体样本的现金持有量均值与中位数分别为0.1599和0.1332，国有控股公司样本的现金持有量均值与中位数分别为0.1578和0.1331，非国有控股公司样本的现金持有量均值与中位数分别为0.1645和0.1337。表5-3的进一步统计检验结果表明，国有与非国有控股公司的现金持有量均值差异检验的t统计值为-1.7553，两者的差异在10%的水平下显著，说明国有上市公司中存在更为严重的大股东侵占中小股东利益、管理层损害投资者利益的双重代理问题。公司持有现金为控股大股东与管理层的利益转移行为提供了更多的机会。现金作为流动性最强的资产，更容易异化成大股东“资源转移”的对象而使公司持有的现金平均余额较低。此外，与非国有控股公司相比，国有控股公司因存在较低的融资约束而储备较多现金的动机较弱。全体样本的公司价值均值与中位数分别为1.2519和1.1619，国有控股公司样本的公司价值均值与中位数分别为1.2284和1.1549，非国有控股公司样本的公司价值均值与中位数分别为1.3041和1.1789。表5-3的进一步统计检验结果表明，国有控股公司的市场价值显著低于非国有控股公司，这与国有控股公司代理人问题更严重的观点一致[①]。

① 以每股净资产代替非流通股价格可能低估了非流通股比例较高公司的价值。我们将非流通股价值以流通股市值的20%（30%）计算或按流通股市值计算时，国有控股公司的市场价值仍显著低于非国有控股公司。

表 5－2 主要变量的描述性统计

变量	样本	观测值	均值	中位数	标准差	最小值	最大值
V	全体样本	4 425	1. 251 9	1. 161 9	0. 417 5	0. 703 1	16. 982 2
V	国有控股	3 053	1. 228 4	1. 154 9	0. 292 7	0. 769 6	4. 404 2
V	非国有控股	1 372	1. 304 1	1. 178 9	0. 606 3	0. 703 1	16. 982 2
E	全体样本	4 425	0. 049 3	0. 050 7	0. 089 7	−1. 365 2	1. 019 2
E	国有控股	3 053	0. 054 0	0. 053 0	0. 081 6	−0. 543 8	0. 616 6
E	非国有控股	1 372	0. 038 8	0. 044 6	0. 104 7	−1. 365 2	1. 019 2
V	全体样本	4 425	1. 251 9	1. 161 9	0. 417 5	0. 703 1	16. 982 2
I	全体样本	4 425	0. 011 3	0. 010 0	0. 015 9	−0. 038 6	0. 737 9
I	国有控股	3 053	0. 010 3	0. 009 4	0. 009 4	−0. 038 6	0. 090 6
I	非国有控股	1 372	0. 013 4	0. 011 5	0. 024 8	−0. 011 1	0. 737 9
D	全体样本	4 425	0. 011 9	0. 006 2	0. 016 3	0. 000 0	0. 202 2
D	国有控股	3 053	0. 012 6	0. 007 4	0. 016 8	0. 000 0	0. 202 2
D	非国有控股	1 372	0. 010 3	0. 003 2	0. 014 8	0. 000 0	0. 115 4
Capex	全体样本	4 425	0. 062 4	0. 043 2	0. 069 1	−0. 382 6	0. 602 2
Capex	国有控股	3 053	0. 062 3	0. 044 3	0. 066 8	−0. 382 6	0. 483 0
Capex	非国有控股	1 372	0. 062 6	0. 041 8	0. 073 9	−0. 177 9	0. 602 2
Cash	全体样本	4 425	0. 159 9	0. 133 2	0. 112 7	0. 000 3	0. 805 8
Cash	国有控股	3 053	0. 157 8	0. 133 1	0. 108 4	0. 000 3	0. 745 2
Cash	非国有控股	1 372	0. 164 5	0. 133 7	0. 121 7	0. 000 3	0. 805 8

表 5 - 3　国有控股与非国有控股公司的现金持有量和公司价值的差异检验

	均值之差	t 检验值	中位数之差	z 值
现金持有量（*Cash*）	-0.006 7	-1.755 3*	-0.000 6	-0.497 1
市场价值（*V*）	-0.075 7	-4.403 1***	-0.024 0	-3.604 3***

注：平均值的检验方法是 t 检验，中位数之差的检验方法是 Wilcoxon 秩和检验。*、**、***分别表示显著性水平 10%、5%、1%（双尾检验）

5.4.2　回归检验

1. 制度背景、股权性质与公司现金持有价值的一般性回归结果

我们分别采用混合回归模型、面板模型下的固定效应回归与面板模型下的随机效应回归三种方法检验了制度背景、股权性质与公司现金持有价值的关系，检验结果如表 5 - 4 所示。三种方法回归的结果基本一致，经 B - P 检验和 Hausman 检验，我们拒绝了混合回归模型和面板模型下的随机效应回归，应采用面板模型下的固定效应回归。表 5 - 4 模型 3 是面板模型下的固定效应回归结果，模型 3 的现金持有量与公司价值显著正相关，系数为 0.226，说明总体上我国上市公司持有现金的市场价值小于其账面价值，为我们的研究假设提供了证据。模型 4 是在模型 3 的基础上增加了一个国有控股哑变量（S_top1）与现金持有量的交叉变量，上市公司的控股股东为国有股时，S_top1 取 1，否则取 0。模型 4 的国有控股哑变量与现金持有量的交叉变量与公司价值显著负相关，说明公司的国有控股性质使现金的持有价值降低。

表 5 -4　上市公司持有现金的市场价值检验

变量	混合回归模型		固定效应模型		随机效应模型	
	模型 1	模型 2	模型 3	模型 4	模型 5	模型 6
常数项	1.100***	1.134***	0.723***	0.586**	1.009***	0.977***
	(33.129)	(32.034)	(3.019)	(2.459)	(20.253)	(19.008)
CF_t	-0.138	-0.125	-0.011	-0.016	-0.156*	-0.160*
	(-1.510)	(-1.368)	(-0.101)	(-0.150)	(-1.727)	(-1.770)
dCF_t	-0.015	-0.017	0.063	0.065	0.021	0.020
	(-0.258)	(-0.294)	(1.302)	(1.360)	(0.452)	(0.441)
dCF_{t+1}	0.231***	0.239***	0.192***	0.193***	0.161***	0.162***
	(4.447)	(4.612)	(4.232)	(4.288)	(3.800)	(3.821)
dNA_t	-0.501***	-0.509***	-0.148***	-0.151***	-0.336***	-0.338***
	(-22.146)	(-22.456)	(-5.617)	(-5.774)	(-15.379)	(-15.454)
dNA_{t+1}	0.449***	0.454***	0.471***	0.461***	0.470***	0.467***
	(17.069)	(17.258)	(21.030)	(20.720)	(22.934)	(22.734)
I_t	2.107***	1.809***	8.010***	8.314***	6.022***	6.085***
	(3.264)	(2.795)	(8.542)	(8.927)	(8.330)	(8.395)
dI_t	3.070***	3.162***	-3.510***	-3.776***	0.885	0.810
	(3.808)	(3.928)	(-4.479)	(-4.851)	(1.288)	(1.176)
dI_{t+1}	-0.485	-0.585	1.086*	1.237**	1.361**	1.404**
	(-0.688)	(-0.831)	(1.855)	(2.129)	(2.500)	(2.574)
D_t	3.102***	3.168***	7.456***	7.349***	5.373***	5.359***
	(7.530)	(7.699)	(12.445)	(12.362)	(11.446)	(11.425)
dD_t	0.315	0.229	-2.087***	-1.983***	-1.159***	-1.155***
	(0.838)	(0.609)	(-6.459)	(-6.172)	(-3.828)	(-3.810)
dD_{t+1}	2.130***	2.150***	2.494***	2.509***	2.147***	2.147***
	(6.163)	(6.233)	(8.156)	(8.267)	(7.689)	(7.691)
$Capex_t$	0.170	0.135	0.724***	0.689***	0.377***	0.377***
	(1.618)	(1.282)	(5.402)	(5.180)	(3.429)	(3.429)
$dCapex_t$	0.271***	0.290***	-0.167**	-0.157**	0.093	0.093
	(3.153)	(3.369)	(-2.161)	(-2.053)	(1.329)	(1.318)

（续上表）

变量	混合回归模型		固定效应模型		随机效应模型	
	模型 1	模型 2	模型 3	模型 4	模型 5	模型 6
$dCapex_{t+1}$	0.021	0.017	0.079	0.071	0.043	0.044
	(0.304)	(0.241)	(1.343)	(1.213)	(0.788)	(0.795)
dV_{t+1}	−0.326***	−0.328***	−0.322***	−0.315***	−0.339***	−0.338***
	(−23.258)	(−23.427)	(−27.529)	(−27.083)	(−31.120)	(−30.926)
$Cash_t$	0.150***	0.183**	0.226***	0.450***	0.196***	0.340***
	(3.015)	(2.461)	(3.220)	(4.657)	(3.536)	(4.307)
S_top1		−0.034*		0.176***		0.051***
		(−1.955)		(7.077)		(2.606)
$Cash_t$ *		−0.075		−0.369***		−0.222**
S_top1		(−0.868)		(−3.651)		(−2.541)
行业	控制	控制	控制	控制	控制	控制
N	4 425	4 425	4 425	4 425	4 425	4 425
R^2	0.456	0.459	0.360	0.370	0.442	0.440

注：括号中的数字为 t 检验值。*、**、***分别表示显著性水平 10%、5%、1%

2. 基于公司成长性的进一步回归结果

一般来说，高成长性公司往往拥有较多的有价值的投资机会，持有较多的现金将会以较低的成本满足企业投资的融资需求，否则，将会导致投资不足。因此，高成长性企业持有现金的价值会高于低成长性企业。另外，公司成长性与现金持有量之间可能存在内生性，拥有大量成长机会的公司会持有更多的现金以满足未来的投资需求，因此，公司成长性影响现金持有量与公司价值之间的关系。为了进一步验证假设，我们设置成长性哑变量 *Growth*，以公司的主营业务收入增长率作为成长性的反映指标。

主营业务收入增长率 = （本年度主营业务收入 - 上年度主营业务收入）/上年度主营业务收入

当观测样本的主营业务收入增长率大于主营业务增长率中位数时，*Growth* 取 1，否则取 0。表 5 -5 是模型中加入 *Growth* 哑变量及其与现金持有量 *Cash* 的交叉变量后，采用面板模型下的固定效应回归结果。从表 5 -5 的模型 1 可发现，*Growth* 与 *Cash* 的交叉变量与公司价值显著正相关，说明公司的成长性有助于提高公司持有现金的价值。模型 2 是在模型 1 的基础上加入了一个 *Growth* 、*S_ top*1 与 *Cash* 的交叉变量的检验结果，*Growth* 与 *Cash* 的交叉变量与公司价值显著正相关，而 *Growth* 、*S_ top*1 、*Cash* 的交叉变量与公司价值显著负相关，说明公司的国有股权性质降低了公司持有现金的价值。

表 5 -5　基于成长性的上市公司持有现金价值检验

变量	模型 1	模型 2
常数项	0.700***(2.929)	0.580** (2.434)
CF_t	-0.018 (-0.172)	-0.021 (-0.198)
dCF_t	0.057 (1.180)	0.060 (1.249)
dCF_{t+1}	0.191***(4.223)	0.188***(4.171)
dNA_t	-0.154***(-5.768)	-0.155***(-5.857)
dNA_{t+1}	0.472***(21.094)	0.463***(20.779)
I_t	7.925***(8.446)	8.203***(8.792)
dI_t	-3.565***(-4.514)	-3.800***(-4.838)
dI_{t+1}	1.025* (1.749)	1.104* (1.896)
D_t	7.539***(12.580)	7.458***(12.527)
dD_t	-2.145***(-6.627)	-2.049***(-6.359)
dD_{t+1}	2.452***(8.020)	2.485***(8.180)

（续上表）

变量	模型 1	模型 2
$Capex_t$	0.715***（5.346）	0.679***（5.100）
$dCapex_t$	−0.166**（−2.150）	−0.152**（−1.990）
$dCapex_{t+1}$	0.069（1.169）	0.064（1.082）
dV_{t+1}	−0.320***（−27.351）	−0.313***（−26.815）
$Cash_t$	0.154**（2.032）	0.137*（1.810）
Growth	−0.011（−0.794）	−0.007（−0.509）
S_ top1		0.134***（6.613）
*Cash * Growth*	0.174**（2.482）	0.289***（3.356）
*Cash * S_ top1 * Growth*		−0.194**（−2.471）
行业	控制	控制
N	4424	4424
R^2	0.362	0.371

注：括号中的数字为 *t* 检验值。*、**、***分别表示显著性水平 10%、5%、1%

3. 基于超额现金的进一步检验

公司一般根据自身的特征决定最优现金持有量（Kim et al，1998；Opler et al. 1999），公司行业与本身财务特征的不同必然使公司间的现金持有量存在差异而缺乏可比性，因此，我们通过检验超额持有现金与公司价值的相关性进一步分析我国上市公司持有现金的价值。我们首先根据 Opler et al.（1999）的模型回归估计公司的正常现金持有量①，公司的实际现金持有量与估计的正常持有量之间的差额就是超额现金持有量，以 *Xcash* 表示，然后检验超额现金与公司价值的相关性，检验结果如表 5 –6 所示。根据 Jensen（1986）的自由现金流理论，公司持有超过正常经营和投资所需的现金越多，不但不利于公司价值的增加，反而会产生更为严重的代理成本。当公司现金实际持有量低于估计的正常持有量发生现金持有不足时，因不能满足公司的正常需求而对公司价值不利。因此，在股东权益保护差、代理问题严重的制度环境下，公司的超额现金可能与公司价值负相关。我们在估计正常现金持有量确定超额现金时分别考虑了不对公司持有现金按行业均值或中位数调整、按行业均值调整和按行业中位数调整的三种情况。表 5 –6 三种情况的固定效应回归检验结果基本一致，模型 1、模型 3、模型 5 中的公司超额持有现金与公司价值没有显著的相关性，当在模型 2、模型 4、模型 6 中加入超额现金与国有控股哑变量的交叉变量后变为显著。超额现金和国有控股哑变量的交叉变量与公司价值显著负相关，说明公司超额现金与公司价值的相关性受公司股权性质的影响，公司的国有股权性质降低了公司超额持有现金的价值，为本章的假设进一步提供了支持。

---

① 我们根据 Opler et al.（1999）的做法构建的现金持有量影响因素模型如下：$\text{Ln}(Cash_{i,t}/A_t) = a_0 + a_1 \text{Ln}(A_{i,t}) + a_2(Fcf_{i,t}/A_{i,t}) + a_3(Nwc_{i,t}/A_{i,t}) + a_4(Growth_{i,t}) + a_5(Capex_{i,t}/A_{i,t}) + a_6 Lev_{i,t} + a_7 Dividend_{i,t} + a_8 YearDummies + \varepsilon_{i,t}$。其中，*Cash* 为现金持有量，以现金与短期投资之和表示；*A* 为总资产；*Fcf* 是净现金流，以“净利润 + 折旧 + 摊销”计算；*Nwc* 为净营运资本，以营运资本扣除现金及现金等价物的余额表示；*Growth* 为成长性，以公司的主营业务收入增长率表示，主营业务收入增长率 =（本年度主营业务收入 – 上年度主营业务收入）/上年度主营业务收入；*Capex* 为资本性支出，以“经营性租赁支付的现金 + 购建固定资产、无形资产以及其他长期资产所支付的现金 – 处置固定资产、无形资产以及其他长期资产收回的现金净额”计算；*Lev* 为财务杠杆，以“负债总数/资产总数”表示；*Dividend* 为股利支付哑变量，公司支付现金股利取 1，否则取 0；*YearDummies* 为年份哑变量，涉及 4 年的上市公司数据，因此共 3 个年度哑变量。

表5-6　上市公司超额持有现金与公司价值的相关性检验

变量	持有现金没按行业调整		持有现金按行业均值调整		持有现金按行业中位数调整	
	模型1	模型2	模型3	模型4	模型5	模型6
常数项	0.750***	0.657***	0.906***	0.655***	0.750***	0.652***
	(3.133)	(2.758)	(4.217)	(2.749)	(3.135)	(2.738)
CF_t	0.039	0.032	0.042	0.036	0.042	0.037
	(0.373)	(0.314)	(0.404)	(0.353)	(0.405)	(0.361)
dCF_t	0.038	0.046	0.037	0.043	0.037	0.043
	(0.798)	(0.955)	(0.763)	(0.907)	(0.764)	(0.909)
dCF_{t+1}	0.181***	0.181***	0.181***	0.181***	0.181***	0.182***
	(3.996)	(4.021)	(3.983)	(4.012)	(3.984)	(4.034)
dNA_t	-0.166***	-0.165***	-0.167***	-0.166***	-0.167***	-0.166***
	(-6.364)	(-6.385)	(-6.401)	(-6.428)	(-6.395)	(-6.418)
dNA_{t+1}	0.491***	0.481***	0.492***	0.482***	0.492***	0.482***
	(22.705)	(22.337)	(22.743)	(22.367)	(22.744)	(22.360)
I_t	7.135***	7.271***	7.103***	7.237***	7.104***	7.262***
	(7.889)	(8.069)	(7.861)	(8.040)	(7.865)	(8.065)
dI_t	-3.075***	-3.338***	-3.046***	-3.308***	-3.047***	-3.296***
	(-3.937)	(-4.299)	(-3.906)	(-4.268)	(-3.908)	(-4.252)
dI_{t+1}	0.893	0.943	0.885	0.943	0.886	0.957*
	(1.529)	(1.624)	(1.514)	(1.625)	(1.516)	(1.647)
D_t	7.573***	7.424***	7.564***	7.413***	7.565***	7.430***
	(12.603)	(12.435)	(12.589)	(12.419)	(12.590)	(12.446)
dD_t	-2.060***	-1.925***	-2.060***	-1.925***	-2.060***	-1.928***
	(-6.365)	(-5.979)	(-6.363)	(-5.980)	(-6.364)	(-5.986)
dD_{t+1}	2.583***	2.620***	2.587***	2.623***	2.586***	2.623***
	(8.459)	(8.644)	(8.471)	(8.654)	(8.468)	(8.649)
$Capex_t$	0.667***	0.635***	0.669***	0.634***	0.670***	0.635***
	(5.004)	(4.792)	(5.023)	(4.787)	(5.026)	(4.797)

（续上表）

变量	持有现金没按行业调整		持有现金按行业均值调整		持有现金按行业中位数调整	
	模型1	模型2	模型3	模型4	模型5	模型6
$dCapex_t$	-0.134*	-0.122	-0.132*	-0.121	-0.132*	-0.122
	(-1.741)	(-1.605)	(-1.724)	(-1.583)	(-1.726)	(-1.595)
$dCapex_{t+1}$	0.086	0.081	0.086	0.081	0.086	0.081
	(1.446)	(1.369)	(1.457)	(1.377)	(1.458)	(1.371)
dV_{t+1}	-0.332***	-0.324***	-0.332***	-0.325***	-0.332***	-0.325***
	(-29.241)	(-28.660)	(-29.275)	(-28.701)	(-29.289)	(-28.705)
$XCash$	0.004	0.024**	0.002	0.023**	0.002	0.020*
	(0.477)	(2.223)	(0.267)	(2.175)	(0.279)	(1.896)
S_top1		0.119***		0.120***		0.120***
		(6.223)		(6.250)		(6.251)
$Xcash_t$ *		-0.038***		-0.040***		-0.034***
S_top1		(-2.898)		(-3.020)		(-2.576)
行业	控制	控制	控制	控制	控制	控制
N	4 424	4 424	4 424	4 424	4 424	4 424
R^2	0.358	0.368	0.358	0.368	0.358	0.367

注：括号中的数字为 t 检验值。*、**、***分别表示显著性水平10%、5%、1%

5.4.3 稳定性检验

（1）非流通股价值按流通股市值的20%或30%折价计算公司的市场价值。由于每股净资产的定价通常都低于市价，以每股净资产代替非流通股价格可能低估了非流通股比例较高的国有控股公司的价值，我们借鉴 Bai et al.（2004）、王鹏（2008）的研究方法，非流通股价值以流通股市值的20%或30%折价计算公司的市场价值[①]，对公司持有现金的市场价值进行检验，检验结果如表 5－7 所示。当非流通股价值以流通股市值的 20% 折算时，模型 1 中的公司持有现金价值为 0. 385，模型 2 中现金持有量与国有控股哑变量的交叉变量显著为负；非流通股价值以流通股市值的 30% 折算时，模型 3 中的公司持有现金价值为 0. 419，模型 4 中现金持有量与国有控股哑变量的交叉变量显著为负。检验结果仍然支持了我们的研究假设。

表 5－7　上市公司持有现金的市场价值检验
（非流通股价值按流通股市值的 20% 或 30% 折价）

变量	非流通股价值按流通股市值的20%折价		非流通股价值按流通股市值的30%折价	
	模型 1	模型 2	模型 3	模型 4
常数项	0. 431 (1. 387)	0. 264 (0. 852)	0. 665** (2. 138)	0. 226 (0. 657)
$Cashflow_t$	−0. 264* (−1. 960)	−0. 272** (−2. 032)	−0. 224 (−1. 498)	−0. 233 (−1. 565)
$dCashflow_t$	0. 145** (2. 312)	0. 147** (2. 364)	0. 138** (1. 989)	0. 141** (2. 039)
$dCashflow_{t+1}$	0. 156*** (2. 674)	0. 158*** (2. 728)	0. 192*** (2. 954)	0. 194*** (3. 012)
dNa_t	−0. 233*** (−6. 788)	−0. 237*** (−6. 955)	−0. 250*** (−6. 571)	−0. 255*** (−6. 738)
dNa_{t+1}	0. 449*** (16. 732)	0. 439*** (16. 444)	0. 500*** (17. 024)	0. 489*** (16. 747)
I_t	19. 714*** (16. 192)	20. 078*** (16. 587)	19. 671*** (14. 547)	20. 078*** (14. 937)

① 即：公司的市场价值＝流通股市场价值＋非流通股份数×流通股收盘价×0. 2（或 0. 3）＋负债的账面价值

（续上表）

变量	非流通股价值按流通股市值的20%折价		非流通股价值按流通股市值的30%折价	
	模型1	模型2	模型3	模型4
dI_t	-6.264***	-6.609***	-6.537***	-6.923***
	(-6.158)	(-6.532)	(-5.786)	(-6.161)
dI_{t+1}	4.771***	4.945***	4.377***	4.573***
	(6.278)	(6.548)	(5.185)	(5.452)
D_t	8.879***	8.757***	10.150***	10.014***
	(11.415)	(11.332)	(11.745)	(11.666)
dD_t	-2.282***	-2.179***	-2.619***	-2.503***
	(-5.437)	(-5.217)	(-5.618)	(-5.396)
dD_{t+1}	3.157***	3.165***	3.617***	3.627***
	(7.953)	(8.025)	(8.204)	(8.280)
$Capex_t$	1.145***	1.106***	1.224***	1.181***
	(6.575)	(6.392)	(6.330)	(6.144)
$dCapex_t$	-0.197**	-0.187*	-0.220**	-0.209*
	(-1.964)	(-1.877)	(-1.974)	(-1.886)
$dCapex_{t+1}$	0.163**	0.153**	0.178**	0.167**
	(2.119)	(2.008)	(2.085)	(1.973)
dV_{t+1}	-0.359***	-0.353***	-0.376***	-0.369***
	(-29.277)	(-28.813)	(-30.103)	(-29.634)
$Cash_t$	0.385***	0.727***	0.419***	0.799***
	(4.242)	(5.805)	(4.163)	(5.755)
S_top1		0.216***		0.243***
		(6.670)		(6.738)
$Cash_t * S\_top1$		-0.551***		-0.614***
		(-4.189)		(-4.207)
行业	控制	控制	控制	控制
N	4 425	4 425	4 425	4 425
R^2	0.446	0.454	0.435	0.443

注：括号中的数字为 t 检验值。*、**、***分别表示显著性水平10%、5%、1%

（2）我们考虑到公司短暂性的现金持有对结果的影响。公司会存在短暂性现金持有的情况，比如，公司可能为了满足下一期的支出需求而本期持有较多的现金，公司增加或减少持有现金可能是其现金持有量显著偏离了目标持有量。公司现金持有量的短暂性变动对公司持有现金的价值会产生影响。为了考虑短暂性现金持有对结果的影响，我们借鉴 Pinkowitz 和 Williamson（2004）的做法，在模型中加入本期与下期现金持有量的变动，以控制短暂性现金持有对检验结果的影响，检验结果仍然与研究假设基本一致。

5.5　本章结论

公司持有现金因能以更低的融资成本满足公司的投资需求而可以克服投资不足，但是，现金作为一种更容易受到侵害的资产，当股东权益尤其是中小股东权益保护差、公司代理问题严重时，公司持有现金为控股股东或管理层转移公司财富提供了条件，公司持有现金因代理成本大于克服投资不足成本带来的收益而有损公司价值。本章以 2001—2006 年我国上市公司的经验数据（4 425 个观测值）为样本，借鉴 Fama 和 French（1998）经典企业价值回归模型的思想，对我国上市公司持有现金的价值进行了检验。结果发现，就我国上市公司整体而言，公司持有现金的价值小于其账面价值。进一步的研究表明，公司的国有股权性质降低了持有现金的市场价值，国有控股公司持有的现金价值低于非国有控股公司。本章的研究从公司现金持有价值的视角说明我国投资者法律保护程度偏低，上市公司中代理问题严重，也为我国上市公司存在自由现金流代理成本与大股东掏空行为提供了证据。研究结论的政策意义在于，应通过法律制度的建设，加快提高投资者权益的法律保护，进一步规范上市公司治理，尤其是提高国有控股公司的治理水平，有效缓解公司严重的代理问题。

第6章 治理环境、政府控制与公司持有现金价值的实证研究

6.1 引 言

现金持有决策是公司财务决策的一项重要内容。国外学者在主要从权衡理论、代理成本理论以及行业特征等视角研究公司现金持有量影响因素的同时，也结合公司财务特征、公司治理机制和投资者法律保护从超额持有现金对公司业绩的影响，以及公司持有现金的价值等方面研究公司持有现金的经济后果。我国学者在梳理国外文献的基础上，也对我国上市公司现金持有问题进行了研究。张人骥和刘春江（2005）研究了股东保护与现金持有量之间的关系，彭桃英和周伟（2006）对我国上市公司高额现金持有动因进行了研究，辛宇和徐莉萍（2006）研究了公司治理机制对上市公司超额现金持有水平的影响，杨兴全和孙杰（2007）研究了公司的特质性因素与公司治理因素对现金持有量的影响。相对来说，国内对上市公司持有现金价值的研究较少。我国是

一个处于转轨经济中的弱法律环境国家，当前我国经济和社会发展的一个突出特点是地区间的发展不平衡，各地区间存在着制度环境的差异，投资者利益保护程度不均衡。同时，我国大部分上市公司由政府控制，控制权的私人利益也广泛存在。因此，考察我国上市公司持有现金的价值效应必须对我国上市公司所处的特殊环境进行分析，关注上市公司背后的政府行为及其所处的治理环境。现有文献还没有涉及公司治理环境的改进对公司持有现金价值效应的影响，也没有结合公司治理环境与公司的政府控制性质研究公司持有现金的价值。

我们利用樊纲和王小鲁（2007）编制的我国各地区市场化进程数据及其子数据构建各地区公司治理环境指数，具体包括市场化进程指数、政府干预指数以及法治水平指数。同时，按照 La Porta et al.（1999）提出的终极产权原则，根据上市公司第一大股东最终控制人类型性质的不同，上市公司的产权结构可以分为政府控制（包括中央政府控制和各级地方政府控制）和非政府控制（包括民营控股、外资控股、集体控股、社会团体控股、职工持股控股等）两大类（刘芍佳等，2003；夏立军、方轶强，2005）。在此基础上，我们以 2002—2005 年期间的上市公司为样本，对治理环境、政府控制与公司持有现金价值的关系进行实证研究。

6.2　文献回顾与研究假设

6.2.1　文献回顾

国外学者在研究现金持有量影响因素的基础上，主要从信息不对称与代理人问题两个视角关注公司的现金持有价值。由于信息不对称与交易成本的存在，公司从外部融资的成本较高，公司内部积累的现金因能减少公司的外部融资成本而符合股东价值最大化的理财目标（Myers & Majluf，1984），企业持有现金的价值对于股东来说超过其账面价值，高成长企业因信息不对称问题更严重或投资不足成本更高而持有现金的价值较高。Mikkelson 和 Partch（2003）的研究发现，企业持有高额现金是支持企业成长、减少企业外部融资的成本，企业持续的高额现金持有政策并没有导致较低的业绩，也没有反映出经营者与股东利益的冲突。Almeida et al.（2004）的研究发现，与非融资约束型公司相比，融资约束公司从实现的现金流入量中储备的现金更多，而且融资约束公司在经济萧条时储备更多的现金。Pinkowitz 和 Williamson（2005）研究公司现金持有的市场价值发现，公司的成长机会对现金持有的市场价值具有影响，而公司的融资机会对现金持有价值没产生影响。Faulkender 和 Wang（2006）结合公司的财务政策特征研究了公司持有现金的价值。研究结果表明，公司持有现金的边际价值随企业现金持有量的增多、财务杠杆的升高而降低，随公司融资约束的增加而提高。Jensen（1986）提出的自由现金流假说认为，公司持有大量现金时，管理者更可能倾向于对净现值为负的项目进行过度投资或更容易偷窃现金，这些行为是以牺牲股东利益为代价或消费更多的额外津贴来增加私人利益的。Blanchard et al.（1994）的研究发现，美国 11 家收到巨额现金赔偿的企业选择保留现金或从事一些低价值的投资活动。Harford（1999）研究了企业的并购政策与现金持有量之间的关系，结果表明，现金持有量较高的企业更有可能实施并购，而且实施的并购都是有损股东财富的多元化并购。Dittmar 和 Mahrt－Smith（2007）从公司治理机制的视角研究了公司持有现金对公司价值的影响，研究发现，公司治理机制失效的公司持有现金的市场价值相当低，公司治理机制失效的公司因浪费大量的现金资源而降低了公司的价值。Harford et al.（2008）认为公司治理弱化的公司往往持有的现金价值较低，其主要原因是这些公司在对 R&D 投入较少的同时，具有较高的资本性支出与频繁的并购活动，其后果是较低的公司收益与价值。

随着法律对投资者保护引入代理理论的分析框架，一些学者开始从外部治理环境的视角研究公司现金持有价值。在投资者保护弱的国家，控制性股东有更强的能力从现金持有中攫取私利。当控股股东具有利益侵占动机时，理性的投资者会对此作出相应的反应，他们会对公司所持有的现金赋予较低的价值。Pinkowitz et al.（2006）以35个国家的公司为样本研究了公司现金持有量与公司价值的相关性，结果表明，与投资者保护较好的国家相比，投资者保护较差的国家，现金持有量与公司价值的相关性很弱，现金持有的价值较低。Kalcheva 和 Lins（2007）从国家的股东保护程度与公司管理者的代理人问题两个层面考察公司持有现金对公司价值的影响，他们研究发现，在国家对股东保护较弱的条件下，当拥有控制权的管理者持有较多现金时，公司的价值较低；当拥有控制权的管理者支付股利时，公司价值较高。他们的结论为在缺乏强有力的外部股东保护时公司管理者的代理人问题与高额现金的同时存在与公司价值负相关的观点提供了证据。

6.2.2　制度背景与研究假设

我国证券市场是一个处于转轨阶段的新兴市场，投资者受法律保护水平低下，股权相对集中。Allen et al.（2005）研究发现，我国的法律制度，包括投资者保护制度、公司治理机制、会计准则以及政府的质量等，明显落后于La Porta et al.（1998）研究样本的大多数国家，La Porta et al.（1998）研究样本的绝大多数国家对股东和债权人的保护优于我国。同时，我国是一个中央集权的国家，具有统一的国家法律制度和司法体系，然而，对我国不同地区的上市公司来说，虽然其所处的国家大环境是一样的，但其所处地区的市场化程度、政府干预程度、法治水平却相差很大，很不平衡（樊纲、王小鲁，2007）。因此，我国地区间的治理环境是有差异的，各地区的市场化进程、法治水平差异导致各地区投资者保护有效性的差异。已有的研究表明，处于不同治理环境地区的公司有着不同的债务筹资行为（孙铮等，2005）、业绩表现（夏立军、方铁强，2005）、股利政策（雷光勇、刘慧龙，2007）。所在地区市场化进程与法治水平越低、公司的治理环境越差，公司管理者进行扩张的过度投资与大股东侵害中小股东利益的行为也就越严重。而对于治理环境相对较好的一些公司来说，管理层使用资金时会受到较多约束和监督，现金被滥用的可能性要小些，同时大股东的利益侵占成本升高，在一定程度上遏制了其占用或者转移上市公司现金的行为。因此，在其他条件相同的情况下，在所处地区治理环境较差的上市公司中，投资者利益保护较差且控股股东利益侵占成本低，理性的投资者会对公司所持有的现金赋予较低的价值，现金与公司价值的相关性程度较低；而在所处地区治理环境较好的上市公司中，投资者利益保护较好且控股股东利益侵占成本较高，理性的投资者会对公司所持有的现金赋予较高的价值，现金与公司价值的相关性程度较高。基于以上分析，我们提出研究假设1。

假设1：治理环境的改善有助于提高公司持有现金对公司价值的正面作用。

我国上市公司大部分由国有企业改制而来，政府的动机与上市公司的国有产权性质对上市公司产生重要影响。首先，国家作为大股东对公司经营进行监督的效率不如私有主体，国有企业存在“所有者缺位”问题。白重恩等（2005）认为，政府控股的公司经营上缺乏效率，并且发生“利益侵占”的可能性较大。其次，国有企业存在目标多元化问题，除了经济利益，社会福利、政治诉求都可能成为其目标，由此造成了国有企业的政策性负担。上市公司承担政府的社会性职能必然会使公司活动偏离公司价值最大化目标，进而损害公司价值。李增泉等（2005）发现，控股股东和地方政府为了维持母公司的存续或当地政府的经济与社会发展目标，天生具有从上市公司转移资源的掏空动机。王鹏和周黎安（2006）的实证研究发现，在给定其他条件不变时，当上市公司为私人控股时，其资金占用率和资金净占用率都显著低于国有控股的公司。再次，政府由政治家和官员组成，裙带关系和腐败行为难以彻底避免（Shleifer & Vishny，1993）。一些政府官员可能利用手中掌握的权力，转移国有企业的财富，侵占经济利益（田利辉，2005）。最后，国有企业存在严重的预算软约束。国有企业存在向政府控制银行求援的理性预期，预算软约束在一定程度上扭曲了国有企业所面临的融资约束，降低了公司持有现金的价值。

我国大部分上市公司是由政府控制的，法律约束难以限制政府的权力（夏立军、方轶强，2005）。对以法治为基础的发达经济体来说，政府同其他私人产权主体一样，两者的任意行为都面临着相同的市场环境和法律约束。但是在转轨经济中却不然，政府充当公有资本所有者机构和社会行政管理机构的双重角色导致政企不分，使其控制下的企业面临的竞争环境乃至受到的约束与非政府控制的企业存在较大差异。同时，非政府控制的私人产权主体的效用函数是追求企业利润的最大化，较少承担社会功能和政策性负担，企业行为更多地遵循市场竞争原则。因此，治理环境的改善对投资者利益的保护作用对政府控制的企业影响有限，相对于非政府控制的企业来说更弱。根据以上分析，本章提出研究假设 2。

假设 2：相对于非政府控制的上市公司来说，政府控制的上市公司持有现金的市场价值可能更低，而且政府控制弱化了治理环境对公司持有现金价值的正向作用。

6.3 研究设计

6.3.1 样本选择与数据特征

本章以2002—2005年所有上市公司为初选样本，并依据以下原则进行了筛选：①不考虑金融类上市公司。这是鉴于金融类公司的自身特性而一般将之剔除。②剔除ST、PT公司。③剔除含B股或H股的公司。④剔除了终极控制人不详的公司。⑤为了保证现金持有量数据在一定期间的一致性，剔除样本年度前一年起连续3年内被特别处理过的公司及现金持有量数据缺失的公司。⑥剔除了其他数据缺失的公司。筛选后剩余3 745个观测值，样本分布如表6－1所示。对于本章所使用到的主要连续变量，为了消除极端值的影响，我们对处于0～1%和99%～100%之间的极端值样本进行了WINSORIZE处理。本章研究采用的治理环境数据根据樊纲和王小鲁（2007）编制的各地区市场化进程数据及其子数据构建而成，其他财务数据来自国泰君安公司的CSMAR数据库和CCER数据库。

表6－1 样本分布

	2002	2003	2004	2005	合计
全体样本	854	909	963	1019	3 745
非政府控制	170	216	266	291	943
政府控制	684	693	697	728	2 802

6.3.2 模型设计与变量定义

为了检验治理环境与政府控制对现金持有与公司价值相关性

程度的影响，我们参照 Luo 和 Hachiya（2005）、Kalcheva 和 Lins（2007）的做法构建如下模型：

$$V_t = a_0 + a_1 Cash_t + a_2 Size_t + a_3 FCF_t + a_4 Nwc_t + a_5 Salegrowth_t + a_6 Capex_t + a_7 Leverage_t + a_8 DIV_t + a_9 Index_{t-1} + a_{10} Cash_t * Indexd_{t-1} + a_{11} State_t + a_{12} Cash_t * State_t + a_{13} Cash_t * Indexd_{t-1} * State_t + \varepsilon \quad (1)$$

其中，V 为公司的市场价值。公司的市场价值为流通股市值、非流通股价值与公司负债市值之和。负债的市值以负债的账面价值代替。非流通股的价值，由于没有完全的市场化数据，并且非流通股的转让价格通常是以净资产为基准，我们首先借鉴夏立军和方轶强（2005）等的方法，采用非流通股份数与每股净资产之积计算。由于每股净资产的定价通常都低于市价，以每股净资产代替非流通股价格可能低估了非流通股比例较高公司的价值，因此，我们在稳健性检验中，借鉴白重恩等（2005）、王鹏（2008）的研究方法，非流通股价值以流通股市值的20%或30%折价计算公司的市场价值。*Cash* 为现金持有量，以现金与短期投资之和除以总资产表示。*Size* 表示公司规模，以总资产的自然对数计算。*FCF* 是净现金流，以净利润与折旧、摊销之和除以总资产计算。*Nwc* 为净营运资本，以营运资本扣除现金及现金等价物的余额除以总资产表示。*Salegrowth* 为成长性，以公司的主营业务收入增长率表示。

主营业务收入增长率 =（本年主营业务收入 - 上年度主营业务收入）/上年度主营业务收入

Capex 为资本性支出，以购建固定资产、无形资产以及其他长期资产所支付的现金除以总资产计算。*Leverage* 为财务杠杆，以负债总数/资产总数表示。*DIV* 为股利支付哑变量，公司支付现金

股利取1，否则取0。*Index* 是公司治理环境指数的统称，考虑到治理环境影响的滞后效应，我们将樊纲和王小鲁（2007）提供的各地区2001—2004年市场化相对进程、政府与市场的关系以及市场中介发育和法律制度环境得分，分别作为2002—2005年各地区的市场化指数（*MAR*）、政府干预指数（*GOV*）以及法治水平指数（*LAW*），从而获得各地区治理环境数据。我们在实际检验中分别纳入 *MAR*、*GOV* 和 *LAW* 这三个变量来代替 *Index*，*MAR* 和 *LAW* 得分越高，说明该地区的市场化进程和法制化程度越高，而 *GOV* 得分越高，说明该地区政府对企业的干预程度越高。*STATE* 为政府控制哑变量，当上市公司为政府控制时，*STATE* 取1，否则取0。*Indexd* 是公司治理环境指数虚拟变量的统称，当治理环境指数高于中位数时取1，否则取0。我们在实际检验中分别纳入 *MARd*、*GOVd* 和 *LAWd* 这三个变量来代替 *Indexd*①。我们在基本模型中分别加入 *Cash * State* 和 *Cash * Indexd* 交叉变量，研究治理环境与政府控制对公司持有现金价值的影响。为了进一步分析不同产权性质下治理环境对上市公司持有现金价值的影响，我们引入 *Cash * Indexd * State* 交叉变量，以衡量政府控制是否弱化了治理环境对公司持有现金价值的正向作用。

6.4 实证检验结果

6.4.1 描述性统计

表6-2是主要变量的描述性统计。从表6-2可发现，全体

① 经过检验，如果直接用 *Cash * Index* 作为交叉项，将产生严重的多重共线性问题，降低最后结果的可信度。因此我们参照罗长远（2005）、王文剑（2007）的做法，引入 *Index* 的哑变量，记为 *Indexd*，交叉项为 *Cash * Indexd*，这一做法很好地避免了多重共线性问题。

样本的现金持有量均值与中位数分别为0.164和0.136，市场价值的均值和中位数分别为1.236和1.158。治理环境指数中，*MAR*、*GOV*和*LAW*的最大值分别为9.810、9.850、12.150，最小值分别为0.330、-1.140、1.150，地区间不平衡。表6-3的进一步统计检验结果表明，治理环境好的公司现金持有量的均值和中位数显著高于治理环境差的公司，上市公司所处的地区市场化程度越高、政府干预指数越高、法治水平越高，公司现金持有水平就越高。这可能是由于所处地区治理环境差的上市公司中存在更为严重的大股东侵占中小股东、管理层损害投资者利益的双重代理问题。公司持有现金为控股大股东与管理层的利益转移行为提供了更多的机会，现金作为流动性最强的资产，更容易异化成大股东"资源转移"的对象而使公司持有现金的平均余额较低。同时，所处地区治理环境好的公司的市场价值的均值和中位数均高于所处地区治理环境差的公司，且在以政府干预指数和法治水平指数分组时差异显著。非政府控制的上市公司持有的现金及公司价值均显著高于政府控制的上市公司，这说明非政府控制的公司持有较多的现金，公司价值也较高，这与政府控制公司的代理人问题更严重的观点一致。

表6-2 主要变量的描述性统计

变量	观测值	均值	中位数	标准差	最小值	最大值
V	3 745	1.236	1.158	0.289	0.887	2.621
Cash	3 745	0.164	0.136	0.110	0.009	0.533
Size	3 745	21.229	21.149	0.806	19.559	23.448
FCF	3 745	0.053	0.050	0.050	-0.150	0.191
Nwc	3 745	-0.045	-0.045	0.169	-0.441	0.406
Salegrowth	3 745	0.230	0.172	0.400	-0.613	2.221
Leverage	3 745	0.468	0.480	0.170	0.073	0.807

（续上表）

变量	观测值	均值	中位数	标准差	最小值	最大值
Capex	3 745	0.068	0.049	0.065	0.000	0.303
DIV	3 745	5.342	4.440	2.629	1.150	12.150
MAR	3 745	6.417	6.170	1.943	0.330	9.810
GOV	3 745	7.338	7.520	1.491	−1.140	9.850
LAW	3 745	5.342	4.440	2.629	1.150	12.150
State	3 745	0.748	1.000	0.434	0.000	1.000

表6－3　不同制度背景下的现金持有量和公司价值的差异检验

	N	*V*				*Cash*			
		均值	*t* 值	中位数	*z* 值	均值	*t* 值	中位数	*z* 值
MAR ＜中位数	1 784	1.232	−0.760	1.154	−0.883	0.151	−6.856***	0.127	−6.582***
MAR ≥中位数	1 962	1.239		1.161		0.176		0.147	
GOV ＜中位数	1 813	1.229	−1.398	1.148	−2.645***	0.150	−7.274***	0.127	−6.397***
GOV ≥中位数	1 932	1.242		1.166		0.176		0.146	
LAW ＜中位数	1 737	1.227	−1.694*	1.149	−2.069**	0.151	−6.492***	0.127	−6.241***
LAW ≥中位数	2 008	1.243		1.165		0.175		0.147	
State ＝0	943	1.252	1.822*	1.157	−0.676	0.172	2.432**	0.146	−2.037**
State ＝1	2 802	1.230		1.158		0.161		0.135	

注：平均值的检验方法是 *t* 检验，中位数的检验方法是 Wilcoxon 秩和检验。*、**、***分别表示10%、5%、1%显著性水平（双尾检验）

6.4.2　回归检验结果

考虑到数据的一些特点（非平衡的面板数据），我们经 B－P 检验和 Hausman 检验，拒绝了横截面的混合回归和面板模型下的随机效应回归，采用面板模型下的固定效应回归。另外，由于面板数据往往容易存在异方差性和自相关问题，我们采用STATA软件中可以同时纠正固定效应模型的异方差和自相关问题的xtscc命令进行估计①，所有回归均控制了行业和年份虚拟变量，但结果没有汇报。

表6-4是基于“现金—价值”相关性模型的回归结果。在模型1中，我们发现现金持有量（*Cash*）的系数为正，且在1%的水平上显著。为了检验假设，我们分别在模型1的基础上引入现金持有量与治理环境指数的交叉项（*Cash* * *Indexd*）。表6-4中的模型2至4，是引入交叉项之后的回归结果。可以看出，现金持有量（*Cash*）的系数仍保持显著为正不变，现金持有量（*Cash*）、市场化进程指数哑变量（*MARd*）、政府干预指数哑变量（*GOVd*）、法治水平指数哑变量（*LAWd*）的交叉项均在1%的水平上和公司价值显著正相关。这一结果表明市场化进程越高，治理环境越好，现金持有量对公司价值的正向影响越大，市场化进程的提高，治理环境的改善有助于抑制终极股东的利益侵占效应，上市公司持有现金的价值较高。模型5是在模型1的基础上增加了一个政府控制哑变量（*State*）与现金持有量（*Cash*）的交叉变量，政府控制哑变量与现金持有量的交叉变量与公司价值显著负相关，说明相对于非政府控制的上市公司，政府控制的上市公司持有现金的价值更低。模型6至8是在模型2至4的基础上加入了*State*、*Indexd*与*Cash*的交叉变量的检验结果，*Cash* * *Indexd* * *State*交叉变量与公司价值显著负相关，说明政府控制弱化了治理环境对公司持有现金价值的正向作用。

① 详细说明参见：Hoechle, D., Robust standard errors for panel regressions with cross-sectional dependence, *The Stata Journal* (2007) 7, Number 3, pp. 281-312.

表6－4　治理环境和政府控制对公司持有现金与公司价值相关性影响的检验

变量	模型1	模型2	模型3	模型4	模型5	模型6	模型7	模型8
常数	4.145***	4.184***	3.986***	4.148***	4.147***	4.208***	3.984***	4.159***
	(10.453)	(10.183)	(9.435)	(10.266)	(10.253)	(9.997)	(9.339)	(10.054)
$Cash_t$	0.160***	0.057**	0.089***	0.024	0.355***	0.053**	0.086***	0.020
	(8.911)	(2.496)	(3.190)	(1.245)	(8.671)	(2.206)	(3.066)	(0.984)
MAR_{t-1}		−0.012***				−0.014***		
		(−4.687)				(−5.472)		
$Cash_t * MARd_{t-1}$		0.205***				0.384***		
		(2.641)				(3.668)		
GOV_{t-1}			0.011**				0.011**	
			(1.962)				(2.080)	
$Cash_t * GOVd_{t-1}$			0.124**			0.200**		
			(1.964)			(2.276)		
LAW_{t-1}				−0.009***				−0.010***
				(−3.644)				(−3.732)
$Cash_t * LAWd_{t-1}$				0.264***				0.412***
				(3.630)				(4.608)
$State_t$					0.024	0.007	−0.014*	0.001
					(1.425)	(0.649)	(−1.701)	(0.104)
$Cash_t * State_t$					−0.276***			
					(−5.162)			
$Cash_t * MARd_{t-1} * State_t$						−0.271***		
						(−4.768)		
$Cash_t * GOVd_{t-1} * State_t$							−0.113***	
							(−3.159)	
$Cash_t * LAWd_{t-1} * State_t$								−0.220***
								(−4.098)

（续上表）

变量	模型1	模型2	模型3	模型4	模型5	模型6	模型7	模型8
$Size_t$	-0.127***	-0.126***	-0.124***	-0.126***	-0.127***	-0.126***	-0.124***	-0.126***
	(-6.890)	(-6.736)	(-6.506)	(-6.800)	(-7.040)	(-6.758)	(-6.506)	(-6.817)
FCF_t	0.627***	0.626***	0.622***	0.623***	0.608***	0.617***	0.616***	0.615***
	(10.320)	(9.999)	(10.037)	(9.821)	(9.985)	(9.490)	(9.513)	(9.405)
Nwc_t	0.048**	0.053**	0.052**	0.058**	0.050**	0.051**	0.051**	0.056**
	(1.985)	(2.289)	(2.292)	(2.431)	(2.246)	(2.315)	(2.308)	(2.460)
$Salegrowth_t$	0.007	0.007	0.007	0.007	0.008*	0.007	0.007	0.007
	(1.486)	(1.470)	(1.437)	(1.484)	(1.646)	(1.579)	(1.430)	(1.560)
$LeverAge_t$	-0.007	-0.001	-0.011	-0.000	-0.011	-0.006	-0.015	-0.006
	(-0.056)	(-0.010)	(-0.087)	(-0.004)	(-0.093)	(-0.054)	(-0.121)	(-0.049)
$Capex_t$	0.171***	0.173***	0.175***	0.169***	0.170***	0.174***	0.176***	0.169***
	(2.865)	(2.879)	(2.836)	(2.846)	(2.929)	(2.932)	(2.902)	(2.908)
DIV_t	0.015**	0.016**	0.016**	0.016**	0.015**	0.016**	0.016**	0.016**
	(2.145)	(2.156)	(2.084)	(2.183)	(2.125)	(2.201)	(2.109)	(2.211)
行业	控制	控制	控制	控制	控制	控制	控制	控制
年度	控制	控制	控制	控制	控制	控制	控制	控制
within R^2	0.498	0.499	0.500	0.500	0.500	0.501	0.500	0.502
N	3 745	3 745	3 745	3 745	3 745	3 745	3 745	3 745

注：括号中的数字为 t 检验值。*、**、***分别表示显著性水平10%、5%、1%

6.4.3　基于超额持有现金的进一步检验

公司一般根据自身的特征决定最优现金持有量，公司行业与本身财务特征的不同必然使公司间的现金持有量存在差异，公司间的现金持有量缺乏可比性，因此，我们参照 Harford（1999）、Mikkelson 和 Partch（2003）的方法分析超额现金持有量与公司价值的关系。我们首先根据 Opler et al.（1999）的模型回归估计公司的正常现金持有量①，公司的实际现金持有量与估计的正常持有量之间的差额就是超额现金持有量，以 *Xcash* 表示，然后检验超额现金与公司价值的相关性，检验结果如表 6－5 所示。在模型 1 中，超额现金持有量（*Xcash*）的系数为正，且在 1% 的水平上显著。为了进一步检验假设，我们分别在模型 1 的基础上引入超额现金持有量与治理环境指数的交叉项。模型 2 至 4 是引入交叉项之后的回归结果，可以看出，超额现金持有量的系数显著为正，超额现金持有量与市场化进程指数哑变量（*MARd*）、政府干预指数哑变量（*GOVd*）、法治水平指数哑变量（*LAWd*）的交叉项均在 1% 的水平上和公司价值显著正相关。这一结果表明市场化进程越高，治理环境越好，上市公司超额持有现金的价值越高。模型 5 是在模型 1 的基础上增加了一个政府控制哑变量（*State*）与超额现金持有量的交叉变量，政府控制哑变量与超额现金持有量的交叉变量与公司价值显著负相关，说明相对于非政府控制的上市公司，政府控制的上市公司超额持有现金的价值更低。模型 6 至 8 是在模型 2 至 4 的基础上加入了一个 *State*、*Indexd* 与 *XCash* 的交叉变量的检验结果，*Cash* * *Indexd* * *State* 交叉变量与公司价值显著负相关，说明政府控制降低了治理环境对公司超额持有现金的价值的正向影响。

---

① 我们根据 Opler et al.（1999）的做法构建的现金持有量影响因素模型如下：$\mathrm{Ln}(Cash_t/A_t) = a_0 + a_1 \mathrm{Ln}(A_t) + a_2(FCF_t/A_t) + a_3(NWC_t/A_t) + a_4(Growth_t) + a_5(Capex_t/A_t) + a_6 Lev_t + a_7 DIV_t + IndustryDummies + YearDummies + \varepsilon$

其中，*Cash* 为现金持有量，以现金与短期投资之和表示；*A* 为总资产；*FCF* 是净现金流，以净利润、折旧与摊销之和表示；*Nwc* 为净营运资本，以营运资本扣除现金及现金等价物的余额表示；*Growth* 为成长性，以公司的主营业务收入增长率表示，主营业务收入增长率＝（本年主营业务收入－上年度主营业务收入）/上年度主营业务收入；*Capex* 为资本性支出，以购建固定资产、无形资产以及其他长期资产所支付的现金计算；*Lev* 为财务杠杆，以负债总数/资产总数表示；*DIV* 为股利支付哑变量，公司支付现金股利取 1，否则取 0；*IndustryDummies* 为行业哑变量；*YearDummies* 为年份哑变量。

表6-5　治理环境和政府控制对公司超额持有现金与公司价值相关性影响的检验

变量	模型1	模型2	模型3	模型4	模型5	模型6	模型7	模型8
常数	3.946*** (9.604)	4.016*** (9.793)	3.797*** (8.832)	3.985*** (9.955)	3.960*** (9.540)	4.024*** (9.725)	3.820*** (8.845)	3.993*** (9.919)
$Xcash_t$	0.172*** (3.643)	0.065* (1.878)	0.092*** (3.379)	0.079** (2.222)	0.268*** (4.774)	0.063* (1.869)	0.090*** (3.381)	0.082** (2.344)
MAR_{t-1}		-0.010*** (-3.546)				-0.010*** (-3.621)		
$Xcash_t*MAR_{t-1}$		0.186*** (3.226)				0.258*** (4.865)		
GOV_{t-1}			0.014** (2.341)				0.014** (2.421)	
$Xcash_t*GOV_{t-1}$			0.134*** (2.649)				0.232*** (4.895)	
LAW_{t-1}				-0.008*** (-3.249)				-0.008*** (-3.281)
$Xcash_t*LAW_{t-1}$				0.158*** (2.916)				0.215*** (3.880)
$State_t$					-0.021*** (-2.746)	-0.022*** (-3.271)	-0.023*** (-3.591)	-0.023*** (-3.098)
$Xcash_t*State_t$					-0.134*** (-4.159)			
$Xcash_t*MAR_{t-1}*State_t$						-0.105*** (-7.797)		
$Xcash_t*GOV_{t-1}*State_t$							-0.142*** (-23.223)	

（续上表）

变量	模型1	模型2	模型3	模型4	模型5	模型6	模型7	模型8
$Xcash_t * LAW_{t-1} * State_t$								-0.094***
								(-7.033)
$Size_t$	-0.116***	-0.117***	-0.115***	-0.116***	-0.116***	-0.117***	-0.115***	-0.116***
	(-6.094)	(-6.279)	(-5.964)	(-6.254)	(-6.096)	(-6.277)	(-6.003)	(-6.278)
FCF_t	0.625***	0.624***	0.618***	0.621***	0.617***	0.619***	0.612***	0.616***
	(9.972)	(9.888)	(9.528)	(9.512)	(9.748)	(9.752)	(9.345)	(9.392)
Nwc_t	0.010	0.008	0.012	0.011	0.009	0.008	0.013	0.012
	(0.478)	(0.413)	(0.677)	(0.578)	(0.421)	(0.418)	(0.718)	(0.597)
$Salegrowth_t$	0.010**	0.009**	0.010**	0.010**	0.010***	0.010**	0.010**	0.010**
	(2.249)	(2.472)	(2.250)	(2.530)	(2.600)	(2.554)	(2.372)	(2.561)
$Leverage_t$	-0.066	-0.062	-0.066	-0.063	-0.070	-0.065	-0.069	-0.067
	(-0.556)	(-0.524)	(-0.550)	(-0.528)	(-0.600)	(-0.564)	(-0.584)	(-0.569)
$Capex_t$	0.150**	0.148**	0.155**	0.148**	0.153***	0.151**	0.158***	0.151**
	(2.439)	(2.390)	(2.446)	(2.397)	(2.613)	(2.522)	(2.584)	(2.532)
DIV_t	0.017**	0.018**	0.018**	0.018**	0.018**	0.018**	0.018**	0.018**
	(2.396)	(2.396)	(2.310)	(2.390)	(2.454)	(2.433)	(2.355)	(2.406)
行业	控制	控制	控制	控制	控制	控制	控制	控制
年度	控制	控制	控制	控制	控制	控制	控制	控制
within R^2	0.499	0.500	0.500	0.500	0.500	0.500	0.501	0.500
N	3 745	3 745	3 745	3 745	3 745	3 745	3745	3745

注：括号中的数字为 t 检验值。*、**、***分别表示显著性水平10%、5%、1%

6.4.4 稳定性检验

为了验证本章实证结果的稳定性，我们又进行了如下稳健性检验：首先，用样本期间各地区的市场化指数均值代替原来的分年度指数变量。其次，为消除不同地区样本数量的差异对检验结果造成的偏差，剔除样本数最多的上海（344 个）和广东（337 个）以及最少的青海（32 个）和西藏（19 个）四个地区的样本后对假设进行稳定性检验。再次，为了控制行业因素的影响，我们用经行业调整后的市场价值来替代原来的市场价值变量。最后，考虑到以每股净资产替代非流通股价格可能会低估非流通股的市场价值，将非流通股价格以流通股价格的 30% 或者 20% 折价计算公司的市场价值。在上述稳健性检验中，实证结果都没有发生实质性的改变。

6.5　本章结论

本章以 2002—2005 年我国上市公司的 3 745 个数据为样本，引入制度环境和政府控制因素，对治理环境、政府控制对我国上市公司持有现金价值的影响进行实证检验。结果发现：①治理环境的改善能显著提高上市公司持有现金对公司价值的正向作用。②上市公司的政府控制性质降低了持有现金对公司价值的正向作用。③相对于非政府控制上市公司来说，在政府控制的公司中，治理环境对公司持有现金价值的正向作用较弱。研究结论的政策意义在于，研究上市公司现金持有决策不仅仅要关注微观制度特性，还要关注隐藏在微观制度背后的更重要、更基本的因素，即公司所处的宏观治理环境。良好的公司治理环境，有利于有效发挥公司内部治理机制的作用，从而减少大股东与中小股东之间的利益冲突，保护中小投资者的利益。公司治理环境的作用也受到公司的政府控制性质的影响，只有同时改善外部治理环境和降低公司政府控制程度，才能更有效地抑制公司的代理问题，提高公司持有现金的价值。

第7章 治理环境、超额持有现金与公司投资行为的实证研究

7.1 引 言

上市公司现金持有价值较低的原因可能在于，现金作为一种最容易受到侵害的资产因被挪用、被侵占而降低了持有现金的配置效果，国内文献主要探讨了公司持有现金的动因，却几乎还未涉及上市公司通过何种途径降低了持有现金的价值。本章通过检验超额持有现金与公司过度投资行为之间的关系，探讨了上市公司降低现金持有价值的具体行为。公司治理环境是解决代理问题，进而影响公司治理效率的基础性因素。我国作为处于转轨时期的新型市场经济国家，在我国市场化进程不断推进的过程中存在着地区间治理环境不平衡特征，那么影响上市公司现金持有价值的具体行为在上市公司所处地区间是否存在差异，也就是说，公司治理环境的改善是否有利于抑制降低公司持有现金价值的行为，也是值得进

一步探讨的问题。

本章借鉴 Richardson（2006）、辛清泉等（2007）所采用的模型度量投资扭曲程度，根据 Opler et al. （1999）、Dittmar et al.（2003）的做法，建立公司现金持有量的影响因素模型，确定公司的超额持有现金，以 2002—2006 年非金融行业的上市公司为样本，考察公司超额持有现金是否导致过度投资，进而检验公司治理环境的改善能否抑制超额持有现金导致的过度投资行为。结果发现，公司超额持有现金导致了过度投资行为，公司治理环境的改善有利于抑制公司超额持有现金导致的过度投资行为。

我们的主要贡献在于：一是通过检验公司超额持有现金与过度投资行为的关系，发现超额持有现金更容易导致公司的过度投资行为，为理解上市公司持有现金的价值提供了新的证据，补充与丰富了现有文献。二是本章从公司持有现金的视角回答了公司治理环境的改善对公司治理效率的影响，即公司治理环境的改善有效抑制了超额持有现金的过度投资行为。

7.2 文献回顾与研究假设

7.2.1 文献回顾

公司的投资决策是公司财务研究的核心内容之一，公司投资决策深受公司管理层与股东之间、控股股东与中小股东之间存在代理问题的影响。对公司投资决策效率的实证研究主要是通过对投资—现金流进行敏感性检验，进而对公司的投资行为进行判定。自 Fazzari et al. （1988）开创性地提出融资约束严重的企业更依赖于内部现金进行投资的观点之后，大量的文献对投资—现金流敏感性在融资约束企业中更高的观点提供了证据（Houston &

James, 2001; Allayannis & Mozumdar, 2004; Islam & Mozumdar, 2007)。投资—现金流敏感性的另一种解释是源自自由现金流的代理成本（Jensen, 1986; Stulz, 1990）。Hoshi et al.（1991）、Vogt（1994）的实证结果为自由现金流代理成本的观点提供了强有力的证据。Gugler（2003）以奥地利非金融公司为对象研究发现，国有控股的投资—现金流敏感性产生于管理者随意决定权导致的投资过度。Pawlina 和 Renneboog（2005）通过对英国上市公司的实证研究发现，投资—现金流敏感性主要来自自由现金流的代理成本。Degryse 和 Jong（2006）以荷兰公司为样本实证研究发现，经营者的代理人问题对投资—现金流敏感性更具有解释力。Stein（2003）、Richardson（2006）认为，投资—现金流敏感性检验方法的不足之处在于无法具体确定投资—现金流敏感性是来自信息不对称还是来自代理成本。与以上文献不同，Richardson（2006）通过构建自由现金流的过度投资模型研究发现，与代理成本解释的观点一致，过度投资集中于自由现金流很高的公司①。

根据自由现金流代理成本理论，当投资者的法律保护与公司治理有效性较低时，公司超额持有现金为公司的过度投资行为提供了条件，公司高额持有现金会导致公司的过度投资行为。Blanchard et al.（1994）研究发现，美国 11 家收到巨额现金赔偿的企业选择保留现金或从事一些低价值的投资活动。Harford（1999）研究了企业的并购政策与现金持有量之间的关系，结果表明，现金持有量较高的企业更有可能实施并购，而且实施的并购都是有损股东财富的多元化并购。Minton 和 Scharnd（1999）发现持有超过行业平均水平的现金的公司倾向于从事高水平的资

① Richardson（2006）衡量过度投资（不足）的模型的方法被大量学者运用，Biddle & Hilary（2006）、Verdi（2006）、Biddle et al.（2008）运用 Richardson（2006）衡量过度投资（不足）的模型，检验了会计质量、财务信息报告质量与公司投资效率之间的关系。

本支出、广告及研发支出。Opler et al.（2001）研究发现超额持有现金的公司发生较高的资本支出与较多的并购支出，即使公司的投资机会较差。Shin 和 Kim（2002）研究发现，高额持有现金的公司其投资与公司成长机会的敏感性较低，而且比持有现金较低的公司投资更多。他们的结论为高额持有现金会导致无效投资决策的观点提供了证据。Pinkowitz et al.（2006）以35个国家的公司为样本研究了公司现金持有量与公司价值的相关性，结果表明，与投资者保护较好的国家相比，投资者保护较差的国家，现金持有量与公司价值的相关性很弱，现金持有的价值较低。Dittmar 和 Mahrt－Smith（2007）研究发现公司治理机制失效的公司因浪费大量的现金资源而降低了公司持有现金的价值。Harford et al.（2008）的研究发现，公司治理弱化的公司往往持有的现金价值较低，其主要原因是这些公司在对 R&D 投入较少的同时，具有较高的资本性支出与频繁的并购活动，其后果是降低了公司收益与价值。

7.2.2 理论分析与研究假设

公司管理层一般具有过度投资的冲动，因为管理层能够从控制更多的资源中获取更大的私人利益，管理层在控制权利益驱动下的过度投资和盲目多元化行为都来自于管理者为了扩大和巩固自身的控制权（Jensen，1986；Stulz，1990，Shleifer & Vishny，1997；Denis et al.，1997）。随着公司治理研究从具有典型股权分散结构的美国向其他国家不断延展，世界范围内越来越多的研究证实了大多数公司中控制性股东的存在（La Porta et al.，1999）。控制性股东与中小股东之间的冲突逐步取代了股权分散下的传统委托代理冲突，成为公司治理研究中的重点问题。在股权集中模式下，居于公司决策主导地位的大股东及其代理人，通常以中小投资者的资金投入为代价，以追求私有收益而非价值最大化的资源性投资扩张形成了控制权收益的重要来源（Shleifer &

Vishny, 1997; La Porta et al., 1999; Claessens et al., 2000)。Claessens et al. (2002) 认为，现金流权与控制权的出现对公司的过度投资问题产生两种效应——现金流权的激励效应和控制权的侵占效应，且两权分离程度越大，最终控制人与外部投资者之间的代理冲突与代理问题越突出，过度投资问题越严重。Dyck 和 Zingales (2004) 针对控制权收益的跨国问题进行研究后认为，获取并控制更大规模的资源，将是控制性股东财务决策中考虑的重要因素。Wei 和 Zhang (2008) 以股权相对集中的 8 个东亚国家的公司为样本研究发现，当大股东的现金流权较高时，大小股东之间的冲突较弱而能缓解公司的过度投资；当大股东控制权与现金流权分离程度较高时，大小股东之间严重的冲突恶化了公司的过度投资。从以上分析不难发现，在公司规模的选择上，股权集中公司的控股股东与股权分散公司的管理层都具有追求规模扩张的动机，都容易出现过度投资问题。

我国证券市场是一个处于转轨阶段的新兴市场，投资者法律保护水平低下，股权相对集中，控制权的私人收益广泛存在。长期以来，由于缺乏严格执行的司法体系，特别是证券民事赔偿制度，中小投资者的权益依然无法通过国家层面上的治理机制得到切实有效的保护（李增泉，2004）。Allen et al. (2005) 研究发现，我国的法律制度，包括投资者保护制度、公司治理机制、会计准则以及政府的质量等，明显落后于 La Porta et al. (1998) 研究样本的大多数国家，La Porta et al. (1998) 研究样本的绝大多数国家对股东和债权人的保护优于我国。南开大学公司治理研究中心推出的中国公司治理评价指数 $CCGI^{NK}$（南开治理指数）从股东权益、董事会、监事会、经理层、信息披露、利益相关者六个维度评价上市公司治理状况。评价结果指出，中国上市公司样本公司治理总指数平均值为 49.62%，属 $CCGI^{NK}$ Ⅵ。其中董事会治理的平均指数为 43.4%，在各治理要素中最低，中国上市公司总体治理水平偏低，而且公司间治理水平差异较大（李维安、张国萍，2005）。因此，在我国投资者法律保护程度偏低且公司治理总体水平较低的制度背景下，我国上市公司中存在大股东侵占中小股东利益、管理层损害投资者利益的双重代理问题，我国上市公司超额持有现金为控股大股东与管理层获取私利提供了机会，容易使公司投资行为扭曲，导致公司的过度投资行为。

我国是一个中央集权的国家，尽管我国不同地区具有统一的国家法律制度和司法体系，然而，对我国不同地区的上市公司来说，虽然其所处的国家大环境是一样的，但其所处地区的市场化程度、政府干预程度、法治水平却相差很大，很不平衡（樊纲、王小鲁，2007）。因此，各地区的市场化进程、政府干预程度和法治水平的差异导致了各地区投资者保护有效性的差异。公司治理环境是比公司的内部和外部治理机制更为基础的层面，公司治理环境要素会影响到企业契约的顺利签订和执行，进而影响到公司治理的效率（夏立军、方轶强，2005）。所在地区的公司治理环境越差，公司管理者进行扩张的过度投资与大股东侵害中小股东利益的行为也就更严重。良好的公司治理环境能够对内部人产生监督与制衡作用，进而对内部人的机会主义行为形成有效的遏制，超额现金被滥用的可能性要小些，在一定程度上遏制了其利用超额现金进行无效扩张的行为。

根据以上分析，本章提出如下假设：我国上市公司超额持有现金会导致公司的过度投资行为，公司治理环境的改善能够抑制公司超额持有现金导致的过度投资行为。

7.3　研究设计

7.3.1　样本选择与数据来源

本章使用我国沪深股票市场 2001 年 12 月 31 日前上市的所

有 A 股公司 2002—2006 年共五年的数据为初始样本。我们剔除了：①金融行业的上市公司。②ST、PT 公司。③含 B 股或 H 股的公司。④当年增发或配股的公司。⑤其他相关数据缺失的公司。对于本章所使用到的主要连续变量，为了消除极端值的影响，我们对处于 0 ~1% 和 99% ~100% 之间的极端值样本进行了 WINSORIZE 处理。本章研究采用的治理环境数据根据樊纲和王小鲁（2007）编制的各地区市场化进程数据及其子数据构建而成，财务数据来自国泰君安公司的 CSMAR 数据库和 CCER 数据库。

7.3.2 模型设计与变量定义

1. 过度投资的计量模型

本章采用 Richardson（2006）和辛清泉等（2007）的方法，将总投资分为预期投资和非预期投资两个部分，用预期投资模型计量非预期投资（ $UeffectINV_t$ ）。公司预期投资估计模型如下：

$$INV_t = a_0 + a_1 Growth_{t-1} + a_2 Lev_{t-1} + a_3 Cash_{t-1} + a_4 Age_{t-1} + a_5 Size_{t-1} + a_6 RET_{t-1} + a_7 INV_{t-1} + IndustryDummies + YearDummies + \varepsilon_{i,t} \quad (1)$$

模型（1）中各变量定义如下：因变量 INV_t 为新增投资支出，它是 i 公司第 t 年购建固定资产、无形资产和其他长期资产所支付的现金、购买和处置子公司及其他营业单位所支付的现金、权益性投资和债权性投资支出所支付现金之和与第 t 年初资产总额的比值；$Growth_{t-1}$ 代表企业增长机会，企业的增长机会越多，其资本投资量应该越大，我们分别使用 $t-1$ 年的主营业务收入增长率和 $t-1$ 年末的 Tobin_ Q 作为增长机会的代理变量；Lev_{t-1} 、$Cash_{t-1}$ 、Age_{t-1} 、$Size_{t-1}$ 、RET_{t-1} 、INV_{t-1} 分别代表企业 $t-1$ 年末的资产负债率、现金持有量、公司规模、股票收益和 $t-1$ 年的资本投资。Lev_{t-1} 和 Age_{t-1} 同资本投资量呈负向关系，而 $Cash_{t-1}$ 、$Size_{t-1}$ 、RET_{t-1} 、NV_{t-1} 将对投资量产生正面影响。此外，模型中还加入行业哑变量 *IndustryDummies* 和年度哑变量 *YearDummies* ，以充分考虑行业效应和年度效应。

我们将模型（1）的拟合值作为公司 t 年的预期投资水平，残值部分作为非预期投资（ $UeffectINV_t$ ）。各变量的具体定义与计算如表 7－1 所示。

表 7－1　变量名称与定义

变量名称		定义
因变量	INV_t	第 t 年购建固定资产、无形资产和其他长期资产所支付的现金、购买和处置子公司及其他营业单位所支付的现金、权益性投资和债权性投资支出所支付现金之和与第 t 年初资产总额的比值
	$UeffectINV_t$	t 年的非预期投资，等于模型（1）的回归残差。
解释变量	$Growth_{t-1}$	t －1 年的主营业务收入增长率
		$t-1$ 年末的 Tobin_ Q,Tobin_ Q ＝（每股价格 × 流通股份数 + 每股净资产 × 非流通股份数 + 负债账面价值）/期末总资产
其他变量	Lev_{t-1}	$t-1$ 年末的资产负债率
	$Cash_{t-1}$	$t-1$ 年末货币资金/年末总资产
	Age_{t-1}	截至 $t-1$ 年末的公司上市年龄
	$Size_{t-1}$	$t-1$ 年末的公司总资产的自然对数
	RET_{t-1}	$t-1$ 年末的股票年度回报率
	INV_{t-1}	$t-1$ 年末的资本投资
	Industry	行业虚拟变量，按证监会的分类标准（剔除金融保险业）共有 21 个行业，设置 20 个虚拟变量
	Year	年度虚拟变量，共 4 个年度虚拟变量

2. 超额持有现金的计量模型

我们根据 Opler et al.（1999）、Dittmar et al.（2003）的做法，构建的现金持有量影响因素模型如下：

$$\text{Ln}(Cash_{i,t}/A_t) = a_0 + a_1 \text{Ln}(A_{i,t}) + a_2(CF_{i,t}/A_{i,t}) + a_3(NWC_{i,t}/A_{i,t}) + a_4 Growth_{i,t} + a_5(Capex_{i,t}/A_{i,t}) + a_6 Lev_{i,t} + a_7 DIV_{i,t} + IndustryDummies + YearDummies + \varepsilon_{i,t} \quad (2)$$

其中，*Cash* 为现金持有量，以现金与短期投资之和表示。*A* 为总资产。*CF* 为现金流，以经营活动现金流量净额表示。*NWC* 为净营运资本，以营运资本扣除现金及现金等价物的余额表示。*Growth* 为成长性，以主营业务收入增长率或 *Tobin_Q* 值表示。其中，

主营业务收入增长率 =（本年度主营业务收入 - 上年度主营业务收入）/上年度主营业务收入

Tobin_Q =（每股价格 × 流通股份数 + 每股净资产 × 非流通股份数 + 负债账面价值）/总资产

Capex 为资本性支出，以购建固定资产、无形资产以及其他长期资产所支付的现金计算。*Lev* 为财务杠杆，以负债总数/资产总数表示。*DIV* 为股利支付哑变量，公司支付现金股利取 1，否则取 0。*IndustryDummies* 为行业哑变量。*YearDummies* 为年份哑变量。

为了检验超额持有现金对公司投资行为的影响，我们首先根据前面的现金持有量影响因素模型回归估计公司的预期现金持有量，公司的实际现金持有量与预期现金持有量之间的差额就是超额现金持有量，以 *Xcash* 表示。

3. 超额持有现金与公司过度投资

在非预期投资和超额现金持有变量都确定以后，我们便可使

用如下模型考察超额持有现金对资本投资的影响：

$$UeffectINV_t = a_0 + a_1 Xcash_{t-1} > 0 + a_2 Xcash_{t-1} < 0 + a_3 M\_fee_t + a_4 Occupy_t + IndustryDummies + YearDummies + \varepsilon_{i,t} \quad (3)$$

其中，$UeffectINV_t$ 为公司非预期投资，等于模型（1）的回归残差。$Xcash$ 为测试变量，代表超额现金持有量。$Xcash_{t-1}>0$ 为当 $Xcash_{t-1}$ 大于0时，取 $Xcash_{t-1}$ 的值，否则为0；$Xcash_{t-1}<0$ 指当 $Xcash_{t-1}$ 小于0时，取 $Xcash_{t-1}$ 的值，否则为0。如果公司使用正超额现金进行过度投资更严重，则 $Xcash_{t-1}>0$ 的系数应该显著大于 $Xcash_{t-1}<0$ 的系数。考虑到代理成本是影响投资效率的主要因素，参考 Anget al.（2000）和辛清泉等（2007）的研究，我们使用管理费用率（M_fee）和大股东占款（$Occupy$）作为控制变量。同时，我们在模型中也加入了行业哑变量和年度哑变量。

4. 治理环境与超额持有现金的过度投资回归模型

为了检验治理环境特征变量对超额持有现金过度投资的影响，我们采用以下模型进行检验：

$$UeffectINV_t = a_0 + a_1 Xcash_{t-1} + a_2 IndexMAR_{t-1} + a_3 IndexMAR_{t-1} * Xcash_{t-1} + a_4 IndexGOV_{t-1} + a_5 IndexGOV_{t-1} * Xcash_{t-1} + a_6 IndexLAW_{t-1} + a_7 IndexLAW_{t-1} * Xcash_{t-1} + a_8 M\_fee_t + a_9 Occupy_t + IndustryDummies + YearDummies + \varepsilon_{i,t} \quad (4)$$

其中，$IndexMAR$、$IndexGOV$、$IndexLAW$ 分别是市场化进程、政府干预指数、法治水平指数的代理变量，反映公司治理环境指数。$IndexMAR$ 和 $IndexLAW$ 得分越高，说明该地区的市场化进程和法治化程度越高；而 $IndexGOV$ 得分越高，说明该地区政府对企业的干预程度越低。$IndexMAR_{t-1} * Xcash_{t-1}$、$IndexGOV_{t-1} * Xcash_{t-1}$、

$IndexLAW_{t-1} * Xcash_{t-1}$ 分别是市场化进程、政府干预指数、法治水平指数与超额持有现金的交互项[①]，如果交互项系数显著为负，则说明公司治理环境的改善能够抑制公司超额持有现金的过度投资行为。

7.4 实证检验结果

7.4.1 预期投资与预期现金持有模型的估计与描述性统计

表7－2是预期投资模型的回归结果，两个回归的被解释变量均为新增资本投资支出，其目的是为了根据模型（1）估算回归残差，从而得到公司的非预期投资的估计值。表7－2的回归结果表明，反映公司成长性的主营业务收入增长率和 *Tobin_ Q* 变量均与公司新增投资显著正相关，除以 *Tobin_ Q* 反映成长性的模型中的 RET_{t-1} 变量外，两个模型中的其余变量的回归系数同预期符号一致，且显著。表7－3是预期现金持有模型的回归结果，分别以主营业务收入增长率和 *Tobin_ Q* 反映成长性的两个模型的所有变量的回归系数的符号均相一致。我们以主营业务收入增长率模型来确定预期的投资水平与预期现金持有量，进而确定非预期投资与超额持有现金。

① 经过检验，如果直接用 $IndexMAR_{t-1} * Xcash_{t-1}$、$IndexGOV_{t-1} * Xcash_{t-1}$、$IndexLAW_{t-1} * Xcash_{t-1}$ 作为交叉项，将产生严重的多重共线性问题，降低最后结果的可信度。因此我们参照罗长远（2005）、王文剑（2007）的做法，引入 $IndexMAR_{t-1}$、$IndexGOV_{t-1}$、$IndexLAW_{t-1}$ 的哑变量代替治理环境指数，当治理环境指数低于中位数时取0，否则取1。这一做法很好地避免了多重共线性问题。

表7-2 预期投资模型估计结果

变量	预符	Growth：主营业务收入增长率	Growth：Tobin_ Q
Intercept	?	-0.080***(-2.995)	-0.172***(-5.217)
$Growth_{t-1}$	+	0.007***(3.164)	0.008** (2.463)
Lev_{t-1}	-	-0.029***(-4.724)	-0.031***(-5.021)
$Cash_{t-1}$	+	0.039***(4.175)	0.047***(5.002)
Age_{t-1}	-	-0.001* (-1.943)	-0.001** (-2.121)
$Size_{t-1}$	+	0.006***(4.509)	0.009***(6.232)
RET_{t-1}	+	0.021***(6.664)	-0.000** (-2.016)
INV_{t-1}	+	0.566***(35.142)	0.579***(36.027)
Industry		控制	控制
Year		控制	控制
Adj. R^2		4 420	4 490
N		0.338	0.332

注：*、**、***分别表示在10%、5%、1%的水平上显著（双尾检验）。括号内的值为对应系数的 t 检验值

表7-3 预期现金持有模型估计结果

变量	预符	Growth：主营业务收入增长率	Growth：Tobin_ Q
Intercept	?	-3.465***(-10.557)	-3.591***(-8.706)
Growth	+	0.247***(9.683)	0.008 (0.198)
Lev	±	-1.803***(-20.333)	-1.810***(-20.470)
Size	±	0.096***(5.987)	0.106***(5.796)
CF	+	0.639***(3.941)	0.730***(4.498)
NWC	-	-0.902***(-10.394)	-0.890***(-10.177)
CAPEX	±	-1.319***(-6.502)	-1.077***(-5.339)
DIV	±	0.313***(11.975)	0.293***(11.231)

（续上表）

变量	预符	*Growth*：主营业务收入增长率	*Growth*：*Tobin_ Q*
Industry		控制	控制
Year		控制	控制
Adj. R^2		4 420	4 490
N		0. 221	0. 206

注：*、**、***分别表示在10%、5%、1%的水平上显著（双尾检验）。括号内的值为对应系数的 *t* 检验值

表7－4是主要变量的描述性统计。从表7－4可发现，全样本非预期投资水平的均值为0，这是变量的构造所致。过度投资的均值与中位数分别为0. 056和0. 031①，超额持有现金的均值与中位数分别为0. 029和0. 012，说明样本公司超额持有现金整体上大于0。治理环境指数中，*IndexMAR*、*IndexGOV* 和 *IndexLAW* 的最大值分别为10. 41、10. 63、13. 07，最小值分别为0. 33、－1. 14、1. 15，说明治理环境在地区间存在不平衡。

表7－4　主要变量的描述性统计

变量	样本数	均值	中位数	标准差	最小值	最大值
$UeffectINV_t$	4 420	0. 000	－0. 013	0. 062	－0. 218	0. 360
过度投资	1 619	0. 056	0. 031	0. 064	0. 000	0. 360
$Xcash_{i,t}$	4 420	0. 029	0. 012	0. 096	－0. 249	0. 462
IndexMAR	4 420	6. 579	6. 470	2. 016	0. 330	10. 410
IndexGOV	4 420	7. 560	7. 720	1. 658	－1. 140	10. 630
IndexLAW	4 420	5. 467	4. 280	2. 777	1. 150	13. 070

① 在描述性统计中，我们把整体投资扭曲程度定义为预期投资模型的回归残差的绝对值；残差大于0为过度投资，残差小于0为投资不足。

表7-5与表7-6是投资扭曲程度与过度投资的组间比较结果。我们分别以市场化进程、政府干预指数和法治水平指数的中位数为标准，将样本分为两个子样本。不难发现，小于治理环境指数中位数的样本的投资扭曲程度与过度投资的均值与中位数均显著大于治理环境指数中位数的样本，说明随着治理环境的改善，投资扭曲程度与过度投资程度降低，提高了公司的投资效率。同时，超额持有现金为正的样本公司的投资扭曲程度与过度投资的均值与中位数均显著地大于超额持有现金为负的样本公司，说明超额持有现金越多越容易导致公司的过度投资。

表7-5　投资扭曲程度的组间比较

	N	投资扭曲程度			
		均值	t 值	中位数	z 值
IndexMAR <中位数	2 280	0.044	4.065***	0.030	-5.590***
IndexMAR ≥中位数	2 140	0.039		0.025	
IndexGOV <中位数	2 186	0.043	2.723***	0.030	-4.016***
IndexGOV ≥中位数	2 234	0.040		0.026	
IndexLAW <中位数	2 249	0.044	4.162***	0.030	-5.405***
IndexLAW ≥中位数	2 171	0.038		0.025	
$Xcash_{i,t-1}$ >0	2 470	0.043	2.012**	0.029	-3.976***
$Xcash_{i,t-1}$ <0	1 950	0.040		0.025	

注：平均值的检验方法是 t 检验，中位数的检验方法是 Wilcoxon 秩和检验。*、**、***分别表示在10%、5%、1%水平上显著（双尾检验）

表7-6　过度投资的组间比较

	N	过度投资水平			
		均值	t 值	中位数	z 值
IndexMAR <中位数	827	0.060	1.974**	0.033	-2.045**
IndexMAR ≥中位数	792	0.053		0.029	
IndexGOV <中位数	766	0.059	1.710*	0.034	-1.801*
IndexGOV ≥中位数	853	0.054		0.029	
IndexLAW <中位数	831	0.060	2.139**	0.034	-2.391**
IndexLAW ≥中位数	788	0.053		0.028	
$Xcash_{i,t-1}>0$	878	0.059	1.738*	0.032	-2.189**
$Xcash_{i,t-1}<0$	741	0.053		0.029	

注：平均值的检验方法是 t 检验，中位数的检验方法是 Wilcoxon 秩和检验。*、**、***分别表示10%、5%、1%水平上显著（双尾检验）

7.4.2　超额持有现金与过度投资的检验

考虑到数据的一些特点（非平衡的面板数据），我们经 B-P 检验和 Hausman 检验，拒绝了横截面的混合回归和面板模型下的随机效应回归，采用面板模型下的固定效应回归。另外，由于面板数据往往容易存在异方差性和自相关问题，我们采用 STATA 软件中可以同时纠正固定效应模型的异方差和自相关问题的 xtscc 命令进行估计①，所有回归均控制了行业和年份虚拟变量。

表7-7是超额持有现金与过度投资的检验结果。表7-7模型1中 $Xcash_{i,t-1}>0$ 的系数为0.115，并在1%水平上显著正相关，而 $Xcash_{i,t-1}<0$ 的系数并无显著相关关系，这意味着超额持

① 详细说明参见：Hoechle，D.，Robust standard errors for panel regressions with cross-sectional dependence，*The Stata Journal*（2007）7，Number 3，pp. 281-312.

有现金为正的样本的过度投资更为严重。在模型 2 中加入控制变量 M_fee_t 和 *Occupy* 后，超额持有现金与过度投资的这种关系并没有发生实质性改变。这种检验结果与 Richardson（2006）的过度投资集中于自由现金流为正的公司中的观点一致。因此，以下将针对超额持有现金为正的样本检验治理环境和超额持有现金与过度投资的关系。

表 7－7　超额持有现金与过度投资的检验结果（模型 3）

变量	模型 1	模型 2
Intercept	0.031（0.781）	0.026（0.645）
$Xcash_{i,t-1}>0$	0.115***(5.471)	0.122***(5.737)
$Xcash_{i,t-1}<0$	0.045（1.038）	0.048（1.102）
M_fee_t		0.012*（1.877）
Occupy		0.024（1.043）
行业	控制	控制
年份	控制	控制
within R^2	0.018	0.018
N	4 420	4 420

注：*、**、***分别表示在 10%、5%、1% 的水平上显著（双尾检验）

7.4.3　公司治理环境对超额持有现金与过度投资行为影响的检验

表 7－8 是以超额持有现金为正的样本检验治理环境和超额持有现金与过度投资的检验结果，模型 1 中的 *Xcash* 在 1% 的水平上显著正相关，说明超额持有现金为正的公司更容易进行过度投资。模型 2 至模型 4 是公司治理环境改善是否能够抑制超额持

有现金导致的过度投资行为的检验结果。不难发现，市场化进程与超额持有现金的交叉变量 $IndexMAR_{t-1} * Xcash$ 在10%的水平上显著负相关。政府干预指数与超额持有现金的交叉变量 $IndexGOV_{t-1} * Xcash$，法治水平指数与超额持有现金的交叉变量 $IndexLAW_{t-1} * Xcash$ 均在5%的水平显著负相关。结果表明，公司治理环境的改善有助于抑制公司超额持有现金导致的过度投资行为，本章的假设得到了支持。

表7-8　治理环境和超额持有现金与过度投资的检验结果

变量	模型1	模型2	模型3	模型4
Intercept	0.022 (0.465)	0.030 (0.565)	0.001 (0.012)	0.036 (0.747)
$Xcash_{i,t-1}$	0.115*** (4.513)	0.158*** (4.602)	0.168*** (5.049)	0.167*** (4.819)
IndexMAR		-0.001 (-0.119)		
$IndexMAR_{t-1} * Xcash$		-0.081* (-1.855)		
$IndexGOV_{t-1}$			0.003 (0.750)	
$IndexGOV_{t-1} * Xcash$			-0.100** (-2.492)	
$IndexLAW_{t-1}$			-0.003 (-0.959)	
$IndexLAW_{t-1} * Xcash$			-0.099** (-2.169)	
M_fee_t	0.012 (0.939)	0.011 (0.908)	0.012 (0.976)	0.011 (0.918)

（续上表）

变量	模型1	模型2	模型3	模型4
Occupy	0.072* (1.947)	0.072* (1.935)	0.069* (1.857)	0.072* (1.931)
行业	控制	控制	控制	控制
年份	控制	控制	控制	控制
within R^2	0.030	0.032	0.033	0.033
N	2 470	2 470	2 470	2 470

注：*、**、***分别表示在10%、5%、1%的水平上显著（双尾检验）

7.4.4　稳定性检验

（1）以 *Tobin_Q* 值作为成长性的替代变量，重新构造过度投资和超额现金水平，检验结果无实质性变化。另外，考虑在计算 *Tobin_Q* 值时以每股净资产代替非流通股价格可能低估了非流通股比例较高公司的价值，我们将非流通股价值以流通股市价的20%（30%）重新计算 *Tobin_Q* 值，检验结果并无实质性变化。

（2）由于以投资模型预期的残差大于零时表示过度投资，小于零时表示投资不足，因此，以投资模型预期的残值作为被解释变量可能会影响检验正超额持有现金导致过度投资的结果①。为了消除这种情况造成的影响，我们以超额持有现金与投资模型的预期残值均大于零的样本作进一步检验，检验结果无实质性变化。

（3）Richardson（2006）模型的一个假定条件是，上市公司整体资本投资行为正常，不存在系统性的投资过度或投资不足现

① 公司的资本投资对于管理者而言是存在成本的（Bertrandan & Mullainathan，2003；Aggarwal & Samwick，2006），当投资项目之于管理者的私人成本高昂时，管理者将可能放弃一些净现值为正的投资项目，由此导致投资不足。

象。否则，在使用模型残差计量投资过度和投资不足时，容易产生系统性偏差。为克服这一问题，我们将模型（1）的残差按大小等分成三组并剔除掉中间一组重新检验，检验结果并无实质性变化。

（4）我们在回归模型中使用的是各年的治理环境指数，从区域和时间两个维度衡量上市公司治理环境的差异。基于稳健性的考虑，我们使用样本期间各省治理环境指数的均值进行检验，检验结果并无实质性变化。

7.5 本章结论

现金持有决策是公司财务决策的一项重要内容。国内文献主要探讨了公司持有现金的动因与价值，却几乎未涉及上市公司通过何种途径降低了持有现金的价值。我们借鉴了 Richardson（2006）、辛清泉等（2007）所采用的模型度量投资扭曲程度，根据 Opler et al.（1999）、Dittmar et al.（2003）的做法，建立公司现金持有量的影响因素模型，确定公司的超额持有现金，以2002—2006 年非金融行业的上市公司为样本，考察公司超额持有现金是否导致过度投资，进而检验公司治理环境的改善能否抑制超额持有现金导致的过度投资行为。研究发现，公司超额持有现金导致了过度投资行为，公司治理环境的改善有利于抑制公司超额持有现金导致的过度投资行为。因此，我们为影响上市公司持有现金价值的具体行为提供了直接证据，同时也说明，研究上市公司现金持有决策不能仅仅关注微观制度特性，还要关注隐藏在微观制度背后更重要、更基本的因素，即公司所处的治理环境。良好的公司治理环境，有利于有效发挥公司内部治理机制的作用，从而减少经理人与股东、大股东与中小股东之间的利益冲突，提高公司价值。

第8章　研究结论与启示

公司持有现金的影响因素与经济后果，近年来受到国外学者的关注而成为一个研究热点，并已取得一定的研究成果。现金作为一种最容易受到侵占的资产，在我国被挪用、被侵占的报道却不时见诸报端，那么，我国上市公司持有现金的影响因素与动机是什么？公司持有现金的市场价值如何？这些问题值得我们深入研究。由于我国的经济与制度环境与国外有很大差别，我国证券市场是一个处于转轨阶段的新型市场，将国外的实证结论直接移植到国内缺乏说服力。本项目借鉴国外文献的理论与研究方法，从我国特殊的制度背景出发，对我国上市公司持有现金的影响因素与经济后果进行了研究。本章在总结研究结论的基础上，提出规范我国上市公司现金持有行为、提高公司持有现金市场价值的启示。

8.1 研究结论

8.1.1 公司持有现金的影响因素与动机

（1）权衡理论和优序融资理论得到了经验的部分支持。国有股、董事会规模与现金持有量负相关；经营者持股与现金持有量正相关；股权集中度、独立董事以及领导权结构并未对公司现金持有量产生显著影响。

（2）治理环境与现金持有量正相关；控制权/现金流权偏离度与现金持有量显著负相关，治理环境的改善有助于减轻这种负向影响。

（3）我国上市公司持有的现金在行业之间存在明显差异，产品市场竞争激烈的公司持有现金更多，产品市场竞争和独特性程度与公司现金持有量正相关，说明产品市场竞争激烈与产品独特性强的公司通过持有更多的现金，以保护其在产品市场中的竞争优势，避免经营风险。

（4）公司持有现金降低了投资—现金流敏感性，持有现金对现金流的波动起了对冲效应。

8.1.2 公司持有现金的经济后果

（1）整体而言，我国上市公司持有现金的价值小于其账面价值。进一步研究表明，国有控股公司持有的现金价值低于非国有控股公司。

（2）治理环境的改善能显著提高上市公司持有现金对公司价值的正向作用；相对于非政府控制上市公司来说，在政府控制的公司中，治理环境对公司持有现金价值的正向作用较弱，公司的政府控制性质降低了治理环境对公司持有现金价值的正向作用。

（3）公司超额持有现金导致了过度投资行为，公司治理环境的改善有利于抑制公司超额持有现金导致的过度投资行为。

8.2 启 示

根据研究结论得出以下主要启示：

（1）影响公司现金持有量的微观因素有许多，除行业特征、产品市场竞争程度以及内部公司治理机制外，还包括公司的投资机会、现金替代物、股利支付水平、财务杠杆、公司规模、现金流量及其不确定性等公司财务特征。公司在选择现金持有量时需要权衡行业特征与公司财务特征的影响因素，根据增量现金的边际收益等于边际成本的原则来确定公司的最优现金持有水平，使持有的现金满足公司成长性投资机会的需要，促进公司业绩的提高。这就要求我们不断完善公司的内部治理机制，通过建立约束力更强的公司治理机制，促使公司的现金持有行为恢复到有利于企业价值最大化的轨道上来。此外，要不断完善公司内部控制，完善的公司内部控制有利于保证公司结合自身的微观特征与行业的竞争激励程度合理持有现金，以实现公司战略目标，提高公司价值。

（2）我国上市公司持有现金的价值小于其账面价值，公司的国有股权性质降低了持有现金的市场价值，公司持有现金较低的一个主要原因在于超额持有现金导致了公司的过度投资行为。说明我国投资者法律保护程度偏低，上市公司中代理问题严重，上市公司存在自由现金流代理成本，终极股东可能会利用两权分离剥夺中小股东的利益，侵占和挪用上市公司的资金通常会成为其实现控制权私利的一种手段。因此，应通过法律制度的建设，加快提高投资者权益的法律保护，进一步规范上市公司治理，尤其是提高国有控股公司的治理水平，有效缓解公司严重的代理问题。

(3) 研究上市公司现金持有决策不仅要关注微观制度特性，还要关注隐藏在微观制度背后更重要、更基本的因素，即公司所处的宏观治理环境。现金作为流动性最强的资产，容易被以更低的成本转换为私人收益，容易异化成大股东或管理层“资源转移”的对象，公司持有现金为控股大股东与管理层的利益转移行为提供了更多的机会。当微观公司治理机制弱化与宏观治理环境较差时，大股东或管理层就会为追求私利而歪曲公司的现金持有行为。良好的公司治理环境，有利于有效发挥公司内部治理机制的作用，从而减少大股东与中小股东之间的利益冲突，保护中小投资者的利益。因此，在进一步完善公司微观治理机制，有效缓解公司代理问题的同时，要不断地推进我国的市场化进程，消除地区间的不平衡，加快提高投资者的法律保护程度，改进公司的宏观治理环境，为公司选择最佳的现金持有行为提供制度条件。

(4) 公司治理环境的作用也受到公司政府控制性质的影响，只有同时改善外部治理环境和降低公司政府控制程度，才能更有效地抑制公司的代理问题，提高公司持有现金的价值。

(5) 优化我国上市公司现金持有行为是一项系统工程，既涉及宏观层面，又涉及微观层面的制度安排，任何单项的制度都只是整个制度环境体系当中的一个环节，要使该项制度能够发挥良性作用，实现预期目标，需要其他相应的制度来协调和配套。

参考文献

1. 陈东华，陈信元．国有企业中的薪酬管制与在职消费［J］．经济研究，2005（2）
2. 陈晓，王琨．关联交易、公司治理与国有股改革——来自我国资本市场的实证证据［J］．经济研究，2005（4）
3. 樊纲，王小鲁．中国市场化指数——各地区市场化相对进程报告［M］．经济科学出版社，2007
4. 冯巍．内部现金流量和企业投资［J］．经济科学，1999（1）
5. 何金耿，丁加华．上市公司投资决策行为实证分析［J］．证券市场导报，2001（9）
6. 江伟，李斌．制度环境、国有产权与银行贷款［J］．金融研究，2006（11）
7. 李增泉，孙铮，王志伟．“掏空”与所有权安排——来自我国上市公司大股东资金占用的经验证据［J］．会计研究，2004（12）
8. 李增泉，余谦，王晓坤．掏空、支持与并购重

组——来自我国上市公司的经验证据［J］．经济研究，2005（1）
9. 李寿喜．产权、代理成本和代理效率［J］．经济研究，2007（1）
10. 李维安，张国萍．公司治理评价指数：解析中国公司治理现状与走势［J］．经济理论与经济管理，2005（9）
11. 连玉君，程建．投资—现金流敏感性：融资约束还是代理成本［J］．财经研究，2007（2）
12. 彭桃英，周伟．中国上市公司高额现金持有动因研究［J］．会计研究，2006（5）
13. 沈艺峰，许年行，杨熠．我国中小投资者法律保护历史实践的实证检验［J］．经济研究，2004（9）
14. 孙铮，李增泉，王景斌．所有权性质、会计信息与债务契约［J］．管理世界，2006（10）
15. 田利辉．国有股对公司绩效影响的U型曲线和政府股东两手论［J］．经济研究，2005（10）
16. 辛宇，徐莉萍．公司治理机制与超额现金持有水平［J］．管理世界，2006（5）
17. 余明桂，夏新平．控股股东、代理问题与关联交易：对中国上市公司的实证研究［J］．南开管理评论，2004（6）
18. 曾庆生，陈信元．国家股、超额雇员与劳动力成本［J］．经济研究，2006（5）
19. 张光荣，曾勇．大股东的支持行为与隧道行为——基于托普软件的案例研究［J］．管理世界，2006（8）
20. 张人骥，刘春江．股权结构、股东保护与上市公司现金持有量［J］．财贸经济，2005（2）
21. 张维迎．企业理论与中国企业改革［M］．北京大学出版社，1999
22. Acharya，V.，Almeida，H.，Campello，M.，2007. Is cash

negative debt? A hedging perspective on corporate financial policies. *Journal of Financial Intermediation* 16, 515 –554.

23. Aĝca, S. , Mozumdar, A. , 2008. The impact of capital market imperfections on investment-cash flow sensitivity. *Journal of Banking & Finance* 32, 207 –216.

24. Allayannis, G. , Mozumdar, A. , 2004. The impact of negative cash flow and influential observations on investment-cash flow sensitivity estimates. *Journal of Banking and Finance* 28, 901 –930

25. Allen F. , Qian J. , and Qian M. , 2005. Law, finance, and economic growth in China. *Journal of Financial Economics* 77, 57 –116.

26. Almeida, H. , M. Campello, and M. S. Weisbach, 2004. The cash f low sensitivity of cash. *Journal of Finance* 59, 1777 – 1804.

27. Arslan, O. , C. Florackis and A. Ozkan. , 2006. The role of cash holdings in reducing investment-cash flow sensitivity: Evidence from a financial crisis period in an emerging market. *Emerging Market Review* 7, 320 –338.

28. Blanchard, O. , Lopez-de-Silanes, F. , Shleifer, A. , 1994. What do firms do with cash? . *Journal of Financial Economics* 36, 337 –360.

29. Bolton, P. , Scharfstein, D. , 1990. A Theory of predation based on agency problems in financial contracting. *American Economic Review* 80, 93 –106.

30. Borokhovich, Kenneth A. , Robert Parrino, and Teresa Trapani, 1996. Outside Directors and CEO Selection. *Journal of Financial and Quantitative Analysis* 31, 337 –355.

31. Calomiris, C. W. , Himmelberg, C. P. , Wachtel, P. , 1995. Commercial paper, corporate finance and the business cy-

cle. *Carnegie-Rochester Series on Public Policy* 42, 203 –250.
32. Campello, M. , 2003. Capital structure and product markets interactions: evidence from business cycles. *Journal of Financial Economics* 68, 353 –378.
33. Campello, M. , 2006. Debt financing: does it hurt or boost firm performance in product markets? *Journal of Financial Economics* 82, 135 –172.
34. Cantillo, M. , Wright, J. , 2000. How do firms choose their lenders? An empirical investigation. *Review of Financial Studies* 13, 155 –189.
35. Chevalier, J. , 1995. Capital structure and product-market competition: Empirical evidence from the supermarket industry. *American Economic Review* 85, 415 –435.
36. Cleary, S. , 1999. The relationship between firm investment and financial status. *Journal of Finance* 54, 673 –691.
37. Couderc N. , 2004. Corporate cash holdings: Financial determinants and consequence. *SSRN working papers.*
38. Denis, D. , and J. J. McConnell, 2003. International Corporate Governance. *Journal of Financial and Quantitative Analysis* 38, 1 –36.
39. Dittmar, A. , Mahrt-Smith, J. , 2007. Corporate Governance and the Value of Cash Holdings. *Journal of Financial Economics* 83, 599 –634.
40. Dittmar, A. , Mahrt-Smith, J. , Servaes, H. , 2003. International Corporate Governance and Corporate Cash Holdings. *Journal of Financial and Quantitative Analysis* 38, 111 –134.
41. Djankov, S. , LaPorta, R. , Lopez-de-Silanes, F. , Shleifer, A. , 2003. Courts. *Quarterly Journal of Economics* 118, 453 –517.

42. Faccio, M. , J. J. , Mcconnell and R. W. , Masulis, 2006. Political connections and corporate bailouts. *Journal of Finance* (Forthcoming) .

43. Faulkender. M. W. , 2002. Cash Holdings among Small Business. Washington University, St. Louis, SSRN, *Working Papers.*

44. Faulkender, M. , Wang, R. , 2006. Corporate Financial Policy and the Value of cash. *Journal of Finance* 61, 1957 –1990.

45. Fazzari, S. M. , Hubbard, R. G. and Petersen, B. C. , 1988. Financing constraints and corporate investment. *Brookings Papers on Economic Activity* 1, 141 –195.

46. Fazzari, S. M. and Petersen, B. C. , 1993. Working capital and fixed investment: new evidence on financing constraints. *RAND Journal of Economics* 24, 328 –342.

47. Ferreira, M. , and Vilela, A. , 2004. Why do firms hold cash? Evidence from EMU countries. *European Financial Management.* 10, 295 –319.

48. Froot, K. A. , Scharfstein, D. S. , and Stein, and J. C. , 1993. Risk management: coordinating corporate investment and financing policies. *Journal of Finance* 48, 1629 –1658.

49. Guney Y, Ozkan A, Ozkan N. , 2007. International evidence on the non-linear impact of leverage on corporate cash holdings. *Journal of Multinational Financial Management* 17, 45 –60.

50. Harford, J. , Mikkelson, W. H. , Partch, M. M. , 2003. The effect of cash reserves on corporate investment and performance in industry downturns. *Unpublished working paper*, *University of Washington.*

51. Haushalter, G. D. , 2000. Financing policy, basis risk, and corporate hedging: evidence from oil and gas producers. *Journal of*

Finance 55, 107 –152.

52. Haushalter, D. , Klasa, S. , Maxwell, W. F. , 2007. The influence of product market dynamics on a firm's cash holdings and hedging behavior. *Journal of Financial Economics* 84, 797 –825.
53. Hoshi, T. , Kashyap, A. and Scharfstein, D. , 1991. Corporate structure, liquidity and investment: evidence from Japanese industrial groups. *Quarterly Journal of Economics* 20, 33 –60.
54. Houston, J. F. , James, C. M. , 2001. Do relationships have limits? Banking relationships, financial constraints, and investment. *Journal of Business* 74, 347 –373.
55. Islam, S. S. , Mozumdar, A. , 2007. Financial market development and the importance of internal cash: Evidence from international data. *Journal of Banking & Finance* 31, 641 –658.
56. Jensen, M. , 1986. Agency Costs of Free Cash Flow, Corporate Finance, and Takeovers. *American Economic Review* 76, 323 –329.
57. Johnson, Simon, Rafael La Porta, Florencio Lopez-de-Silanes, and Andrei Shleifer, 2000. Tunneling. *American Economic Review* 90, 22 –27.
58. Kadapakkam, P. , Kumar, P. and Riddick, L. , 1998. The impact of cash flows and firm size on investment: the international evidence. *Journal of Banking and Finance* 22, 293 –320.
59. Kalcheva, I. , Lins, K. V. , 2007. International Evidence on Cash Holdings and Expected Managerial Agency Problems. *Review of Financial Studies* 20, 1087 –1112.
60. Kaplan, S. N. and Zingales, L. , 1997. Do investment-cash flow sensitivities provide useful measures of financing constraints? *Quarterly Journal of Economics* 20, 169 –215.
61. Khwaja A. I. and Mian A. , 2005. Do lenders favor politically con-

nected firms. *Quarterly Journal of Economics* 120, 1371 –1411.

62. Kim, C. S. , Mauer, D. C. , Sherman, A. E. , 1998. The determinants of corporate liquidity: Theory and evidence. *Journal of Financial and Quantitative Analysis* 33, 335 –359.

63. Kovenock D. , and Phillips, G. M. , 1997. Capital structure and product market behavior: An examination of plant exit and investment decisions. *Review of Financial Studies* 10, 767 –803.

64. Kusnadi, Y. , 2005. Corporate Cash Holdings and corporate governance mechanisms, Hong Kong University of Science&Technology, *SSRN Working Papers.*

65. La Porta, R. , Lopez-de-Silanes, F. , Shleifer, A. , Vishny, R. , 1998. Law and Finance. *Journal of Political Economy* 106, 1113 –1155.

66. La Porta, R. , Lopez-de-Silanes, F. , Shleifer, A. , Vishny, R. , 1997. Legal Determinants of External Finance. *Journal of Finance* 52, 1131 –1150.

67. La Porta, R. , Lopez-de-Silanes, F. , Shleifer, A. , Vishny, R. , 2002. Government ownership of banks. *Journal of Finance* 57, 265 –361.

68. LaPorta, R. , Lopez-de-Silanes, F. , Shleifer, A. , Vishny, R. , 1999. The quality of government. *Journal of Law, Economics and Organization* 15, 222 –279.

69. Mikkelson, W. H. , Partch, M. M. , 2003. Do persistent large cash reserves hinder performance? *Journal of Financial and Quantitative Analysis* 38, 275 –294.

70. Minton, B. A. , Schrand, C. M. , 1999. The impact of cash flow volatility on discretionary investment and the costs of debt and equity financing. *Journal of Financial Economics* 54, 423 –460.

71. Moyen, N. , 2004. Investment-cash flow sensitivities: constrained

versus unconstrained firms, *Journal of Finance* 59, 2061 - 2092.

72. Myers, S. C. , Majluf, N. S. , 1984. Corporate Financing and Investment Decisions when Firms have Information that Investors do not have. *Journal of Financial Economics* 13, 187 -221.
73. Myers, S. C. , 1984. The Capital Structure Puzzle. *Journal of Finance* 39, 575 -592.
74. Myers, Stewart C. , and Raghuram G. Rajan, 1998. The paradox of liquidity. *Quarterly Journal of Economics* 108, 733 -771.
75. Opler, T. , Pinkowitz, L. , Stulz, R. , 1999. Williamson, R. The determinants and implications of cash holdings. *Journal of Financial Economics* 52, 3 -46.
76. Opler, T. and S. Titman, 1994. Financial Distress and Corporate Performance, *Journal of Finance* 49, 1015 -1040.
77. Ozkan A. , Ozkan N. , 2004. Corporate cash holdings: An empirical investigation of UK companies. *Journal of Banking&Finance*. 28, 2103 -2134.
78. Phillips, G. M. , 1995. Increased Debt and Industry Product Markets: An Empirical Analysis, *Journal of Financial Economics* 37, 189 -238.
79. Pinkowitz, L. Williamson, R. 2001. Bank power and cash holdings: Evidence from Japan. *Review of Financial Studies* 14, 1059 -1082.
80. Pinkowitz, L. , Stulz, R. , Williamson, R. , 2006. Does the contribution of corporate cash holdings and dividends to firm value depend on governance? A cross-country analysis. *Journal of Finance* 61, 2725 -2751.
81. Pinkowitz, L. , Williamson, R. , 2004. What is a dollar worth? The market value of cash holdings. *Unpublished working paper*,

Georgetown University.

82. Rajan, R. G. , Zingales, L. , 1995. What do We Know about Capital Structure? Some Evidence from International Data. *Journal of Finance* 50, 1421 -1460.

83. Sapienza, P. , 2004. The effects of government ownership on bank lending. *Journal of Financial Economics* 72, 357 -384.

84. Serdar Dinc, 2005. politicians and banks. *Journal of Financial Economics* 77, 453 -479.

85. Shin, H. , Kim, Y. H. , 2002. Agency costs and efficiency of business investment: evidence from quarterly capital expenditures. *Journal of Corporate Finance* 8, 139 -158.

86. Shleifer, A. and R. Vishny. , 1986. Large Shareholders and Corporate Control, *Journal of Political Economy* 94, 461 -488.

87. Shleifer, Andrei and Vishny, Robert W. , 1993. Corruption. Quarterly, *Journal of Economics* 108, 599 -617.

88. Shleifer, A. , Vishny, R. W. , 1997. A survey of Corporate Governance. *Journal of Finance* 52, 737 -784.

89. Vogt, S. C. , 1994. The cash flow/investment relationship: evidence from US manufacturing firms, *Financial Management* 23, 3 -20.

90. Vogel, R. C. , Maddala, G. S. , 1967. Cross-section estimates of liquid asset demand by manufacturing corporations. *Journal of Finance* 22, 557 -575.

91. Yermack David. , 1996. Higher Market Valuation of Companies with a Small Board of Directors, *Journal of Financial Economics* 40, 185 -211.

92. Zingales, L. , 1998. Survival of the Fittest or the Fattest? Exit and Financing in the Trucking Industry, *Journal of Finance* 53, 905 -938.

后 记

现金持有行为是企业战略管理的一项重要理财行为。现金持有决策不仅与企业日常交易和经营活动密切相关，同时还与其他重要财务决策如公司资本结构、投融资决策及股利分配决策等密切相关。自 20 世纪 90 年代末以来，鉴于诸多国际大型企业出现持有大量现金与现金等价物的现象，对于企业持有现金的动机、经济后果以及企业持有现金的内部影响因素（财务特征、公司内部治理机制）、外部影响因素（法律与制度环境）等的研究，逐渐受到国外学者关注而成为学界研究的热点。但纵观国内学者关于我国上市公司现金持有相关问题的研究，多拘泥于国外文献视角，对中国特殊制度环境影响下的公司现金持有行为动机、影响因素及其经济后果的针对性研究尚不深入、不系统。考虑到经济与制度环境的巨大差异（处在转轨期的不完善的资本市场、投资者法律保护程度偏低、内部人控制严重、企业投融资渠道还不健全、地区市场化进程存在较大差异以及上市公司的特殊产权安排等现状)，将国外研究的结论直接应用于国内公司实践难免缺乏说服力。基于国外文献的丰富成果以及国内相关研究的不足，充分结合我国的制度环境特征，对我国上市公司持有现金的相关问题（我国上市公司持有现金的影响因素是否与基于西方发达资本市场的理论预期相符？高额持有现金公司是否存在过度投资行为并因此有损公司业绩？公司持有现金的市场价值是否高于其账面价值？我国市场化进程与公司的所有权安排的制度背景对现金持有的经济后果有何影响?）进行系统而具有针对性的实证研究，研究结论对于正确认识我国上市公司持有现金行为，进而有针对性地制定出科学合理的政策以规范公司现金持有行为，提高资金使用效率，提升公司价值以及促进我国经济协调发展具有重要的理论与现实意义。2006 年我们申报的“我国上市公司现金持有行为研究”（2006GXQ3D170）被批准立项为国家软科学研究计划项目，自此开始，我们在已有研究成果的基础上，对我国上市公司持有现金的影响因素及其经济后果进行了更为系统的研究，最终形成了这份研究成果。

“我国上市公司现金持有行为研究”是我与张照南（中国证监会新疆证监局）、吴昊旻（石河子大学经济贸易学院）、孙杰（新疆财经大学会计学院）合作研究的成果。在研究过程中，石河子大学科技处与石河子大学经济贸易学院提供了诸多便利，使得本研究在广泛的学术交流和会议讨论之中获益甚丰，在此一并致以衷心谢意。由于我们研究能力的局限，本书难免存在失当之处，敬请广大专家与学者批评指正。

杨兴全

2009 年秋于石河子大学